国有商业银行混合所有制改革的路径选择与风险防范

安 然 著

吉林大学出版社

·长春·

图书在版编目（CIP）数据

国有商业银行混合所有制改革的路径选择与风险防范/安然著. -- 长春：吉林大学出版社，2021.5
　ISBN 978-7-5692-8369-3

Ⅰ.①国… Ⅱ.①安… Ⅲ.①国有商业银行—混合所有制—银行改革—研究—中国 Ⅳ.①F832.33

中国版本图书馆CIP数据核字(2021)第105652号

书　　名：国有商业银行混合所有制改革的路径选择与风险防范
　　　　　GUOYOU SHANGYE YINHANG HUNHE SUOYOUZHI GAIGE DE LUJING XUANZE YU FENGXIAN FANGFAN
作　　者：安　然　著
策划编辑：黄国彬
责任编辑：田茂生
责任校对：宋睿文
装帧设计：刘　丹
出版发行：吉林大学出版社
社　　址：长春市人民大街4059号
邮政编码：130021
发行电话：0431-89580028/29/21
网　　址：http://www.jlup.com.cn
电子邮箱：jdcbs@jlu.edu.cn
印　　刷：三河市嵩川印刷有限公司
开　　本：787mm×1092mm　　1/16
印　　张：9.5
字　　数：150千字
版　　次：2021年5月　第1版
印　　次：2021年5月　第1次
书　　号：ISBN 978-7-5692-8369-3
定　　价：58.00元

版权所有　翻印必究

前　　言

中国国有商业银行多年来在经过从"大一统"到专业化再到股份制的改革后，取得了显著的成绩，提高了银行各项绩效指标，也初步形成了具有现代企业特征的公司治理结构。目前，中国国有商业银行经营规模与影响力在世界银行排名中占有一席之地，但在经营能力与业务创新等方面与世界一流银行还有一定差距。制约其发展的一个重要原因就是"所有者缺位"问题，即国有资产在名义上归全体人民所有，人民却并不能直接行使对国有资产的所有权以及对国有企业的控制权，需要委托政府代为管理，而政府又再次委托经理人对企业进行实际的经营管理。这种"所有者缺位"问题就造成了国有企业委托代理链条过长，制约了国有企业的健康发展，并同时导致了国企腐败问题频发、盈利能力低下、创新活力不足等问题。

同时，新时期银行业的经营环境更加复杂，一方面，银行业继续面临息差收窄压力，传统业务承压；另一方面，金融脱媒、资本市场高速发展及市场竞争加剧等因素，也使得银行传统存贷业务萎缩，盈利能力下降。市场对银行业精细化和规范化管理提出了更高要求，国内商业银行已进入改革转型的关键时期。

本书认为，发展混合所有制经济符合中国的市场经济现状，是建立健全现代企业制度的必经之路，有利于中国国有商业银行改革的深化、资源配置效率的提高和国际竞争力的增强。

目　录

第 1 章　绪　论 …………………………………………………………… 1
    1.1　选题背景及研究意义 …………………………………………… 1
        1.1.1　选题背景 ………………………………………………… 1
        1.1.2　研究意义 ………………………………………………… 2
    1.2　混合所有制研究综述 …………………………………………… 3
        1.2.1　国内关于所有制改革与发展混合所有制的研究 ………… 3
        1.2.2　国外关于所有制改革与发展混合所有制的研究 ………… 12
    1.3　研究思路与研究方法 …………………………………………… 19
        1.3.1　研究思路 ………………………………………………… 19
        1.3.2　研究方法 ………………………………………………… 20
    1.4　研究内容及结构框架 …………………………………………… 20
        1.4.1　研究内容 ………………………………………………… 20
        1.4.2　结构框架 ………………………………………………… 21
    1.5　主要创新与不足之处 …………………………………………… 22
        1.5.1　主要创新 ………………………………………………… 22
        1.5.2　不足之处 ………………………………………………… 22

第 2 章　混合所有制改革的相关理论基础 ……………………………… 24
    2.1　交易成本理论 …………………………………………………… 24
        2.1.1　交易成本理论背景 ……………………………………… 24
        2.1.2　交易成本的理论模型 …………………………………… 30

2.2 不完全契约理论 ············ 33
2.2.1 不完全契约理论背景 ············ 34
2.2.2 不完全契约的理论模型 ············ 38
2.3 委托代理理论 ············ 41
2.3.1 委托代理理论背景 ············ 41
2.3.2 委托代理理论模型 ············ 43
2.4 博弈论 ············ 52
2.4.1 博弈论理论背景 ············ 52
2.4.2 制度变迁的博弈分析 ············ 53

第3章 中国国有商业银行所有制的演变及改革成效 ············ 55
3.1 中国国有商业银行所有制演变历史 ············ 55
3.1.1 国有专业银行的设立与转变 ············ 55
3.1.2 中国国有商业银行股份制改革的萌芽与发展 ············ 58
3.2 中国国有商业银行所有制改革的成效评析 ············ 61
3.2.1 进行产权多元化的股份制改革 ············ 61
3.2.2 建立市场化资产管理模式 ············ 62
3.2.3 完善现代企业公司治理机制 ············ 62
3.2.4 引进境外战略投资者 ············ 63
3.2.5 改善各项财务指标 ············ 64
3.3 中国国有商业银行所有制改革的特点评析 ············ 71
3.3.1 国有商业银行所有制改革是政府主导型的改革 ············ 71
3.3.2 国有商业银行所有制改革具有滞后性和渐进性 ············ 72
3.3.3 采取借助资本市场上市的手段 ············ 74

第4章 中国国有商业银行混合所有制改革的收益 ············ 75
4.1 有利于提高国有银行核心竞争力 ············ 75
4.1.1 混合所有制有助于完善治理结构 ············ 75

4.1.2　混合所有制有助于银行提高经营能力 ………………… 77
4.2　有利于保持银行业充分竞争 …………………………………… 79
　　4.2.1　混合所有制有助于打破金融业行政性垄断 …………… 79
　　4.2.2　混合所有制有助于转变政府职能 ……………………… 80
4.3　有利于激活要素市场 …………………………………………… 81
　　4.3.1　混合所有制有利于激活资本市场 ……………………… 81
　　4.3.2　混合所有制有利于激活劳动力市场及技术信息市场 …… 82

第5章　中国国有商业银行混合所有制改革的实证分析 …………… 84
5.1　样本的选取 ……………………………………………………… 84
　　5.1.1　变量定义及说明 ………………………………………… 84
　　5.1.2　假设与模型 ……………………………………………… 85
5.2　样本数据的描述性统计 ………………………………………… 89
5.3　回归结果与评述 ………………………………………………… 90
　　5.3.1　股权所有制混合程度与业务创新水平回归分析 ……… 90
　　5.3.2　股权所有制混合程度与商业银行绩效回归分析 ……… 91
　　5.3.3　基本结论 ………………………………………………… 92

第6章　中国国有商业银行混合所有制改革的成本与风险 ………… 95
6.1　中国国有商业银行混合所有制改革障碍 ……………………… 95
　　6.1.1　交易成本导致的混合所有制改革障碍 ………………… 95
　　6.1.2　不完全契约导致的混合所有制改革障碍 ……………… 100
　　6.1.3　委托代理问题导致的混合所有制改革障碍 …………… 105
　　6.1.4　中国国有商业银行混合所有制改革中的博弈分析 …… 109
6.2　中国国有商业银行混合所有制改革风险防范 ………………… 113
　　6.2.1　发展混合所有制的价值风险 …………………………… 113
　　6.2.2　发展混合所有制的决策风险 …………………………… 114
　　6.2.3　发展混合所有制的整合风险 …………………………… 114

第 7 章 深化中国国有商业银行混合所有制改革的对策建议 …… 116

7.1 培育真正的市场主体,推进混合所有制发展 …… 116
7.1.1 深化产权多元化改革 …… 116
7.1.2 完善现代企业制度 …… 118
7.1.3 建立综合化经营模式 …… 120

7.2 构建现代市场体系,推进混合所有制发展 …… 121
7.2.1 完善产权交易市场 …… 121
7.2.2 完善经理人市场 …… 124
7.2.3 完善融资租赁市场 …… 125

7.3 营造良好的外部市场环境,推进混合所有制发展 …… 126
7.3.1 完善监管机制 …… 126
7.3.2 健全法律制度 …… 128

结论与展望 …… 129

参考文献 …… 131

第 1 章 绪 论

1.1 选题背景及研究意义

1.1.1 选题背景

"混合所有制"并非一个新的概念,无论是在理论研究上还是在实践探索上,中国对混合所有制经济的认识随着经济发展而不断深入。早在党的十四届三中全会中就出现了"财产混合所有"的概念,之后党的十五大明确提出,公有制经济中应包含"混合所有制经济中的国有成分和集体成分",十六大、十七大报告中均指出应"积极发展混合所有制经济"。2013 年年底,十八届三中全会在《中共中央关于全面深化改革若干重大问题的决定》中将国有企业改革再次提上日程,并将发展混合所有制经济上升到"中国基本经济制度的重要实现形式"的高度,足见发展混合所有制经济是目前国有资产和国有企业改革的核心问题。

中国国有银行多年来在经过从"大一统"到专业化再到股份制的改革后,取得了显著的成绩,提高了银行各项绩效指标,也初步形成了具有现代企业特征的公司治理结构。但我国国有企业的主要问题在于,国有资产在名义上归全体人民所有,而人民并不能直接行使对国有资产的所有权以及对国有企业的控制权,需要委托政府代为管理,而政府又再次委托经理人对企业进行实际管理。这种"所有者缺位"问题就造成了国有企业委托代理链条过长,制约了国有企业的健康发展,并同时导致国企腐败问题频发、盈利能力低下、创新活力不足等问题。中国国有商业银行虽然经营规模与影响力在世界排名靠前,但在经营能力与业务创新等方面与世界一流银行还有明显差距。可见,发展混合所有制经济符合我国的市场经济现状,是建立健全现代企业制度的必经之路,有利于中国国有商业银行改革的深化、资源配置效率的提高和国际竞争力的增强。

1.1.2 研究意义

对所有制的探讨,实际上就是对企业产权问题的探讨,产权制度是企业最基础性的制度安排,也是我国国有企业改革的核心要点。科斯[1](1937)指出,清晰的产权对于减少社会成本具有至关重要的意义,如果产权明确,可以激励人们将外部性充分内部化,即便在出现社会成本时,市场交易也同样有效。格鲁斯曼和哈特[2](1986)从不完全契约的角度来阐释产权,提出由于不完全契约的存在,产权的探讨才有意义,他们认为产权是指剩余索取权和剩余控制权。发展混合所有制经济有利于提升市场配置资源的能力、促进国有资产流动、提高企业生产效率、转变政府管理职能等,有利于提高国有企业的市场化程度。但与此同时,发展混合所有制经济过程中存在大量的交易成本,并伴有资产流失、整合不当、分配不公等诸多风险,这些风险有可能会给国有资产和企业造成损失。当公有制经济和非公有制经济在形成新型的企业产权主体结构前,要分析其成本和收益,只有当改革所获得的收益大于成本时,两种资本才会选择融合。发展混合所有制经济不仅是意味着多种经济成分在国民经济中共存,更重要的是能将本来分散的各种所有权形式的资本用现代企业制度融合,最大限度地实现共赢多赢。因此,必须充分认识国有商业银行存在的问题,并深入分析发展混合所有制经济带来的成本和收益,通过防范风险、降低成本、提高收益,为推进国有商业银行混合所有制改革提供可行性建议,实现"1+1>2"的最佳整合效应。

---

[1] Coase R. The Nature of the Firm [J]. Economica,1937,4(6):386-405.
[2] Grossman S J, Hart O D. The Costs and Benefits of Ownership: A Theory of Vertical and Lateral Integration[J]. The Journal of Political Economy,1986,94(4):691-719.

1.2 混合所有制研究综述

1.2.1 国内关于所有制改革与发展混合所有制的研究

混合所有制企业由不同所有制性质的投资主体共同出资组建,企业中同时包含国有资本和非国有资本。但由于很多市场经济国家在对国有部门进行大规模改革的过程中直接地选择了私有化道路,而在那些曾经进行国有企业改革的其他转轨国家中,发展混合所有经济也没有成为一种主流的政策选择。可见,混合所有制改革具有强烈的中国特色,所以在国际上的探索与争论并不多见,却始终是国内经济研究的热点和学术争论的焦点问题。

1.2.1.1 混合所有制经济概念的提出及主要研究

有关混合所有制经济的早期研究,主要开始于20世纪80年代。在中国经济转轨的初期,提出的中国国有企业的主要问题是其作为国家行政机构的附属物,不能实行独立的经济核算,所以当时的国有企业改革核心是控制权改革,落实企业经营的自主权,尚未触及所有权改革。所以,在此之前国内的国企改革文献主要围绕落实国有企业经营自主权问题。不过,在20世纪80年代中后期开始,中国经济学界对控制权改革的局限性有了越来越多的讨论,并开始对国有企业所有权改革逐渐关注,发展混合所有制的命题也开始提出。作为最早探讨国有企业所有制改革的经济学家之一,厉以宁发表了系列文章提出改善社会主义所有制的可能性和实现路径。厉以宁[1][2](1986,1987)提出,要在"社会主义经济是商品经济"的前提下讨论所有制改革,而且,所有制改革也不是简单的私有化改革与消灭全民所有制,而是要所有制适应生产力水平的发展。其中的一个实现路径是在所有制改革中开展原有企业资金存量的股份化,用股份制推动

---

[1] 厉以宁.所有制改革和股份企业的管理[J].中国经济体制改革,1986(12):25-28.
[2] 厉以宁.所有制改革和股份企业的管理(续一)[J].中国经济体制改革,1987(01):24-29.

国有企业发展。他还提出,要建立由全民、集体、个体等多种所有制组成的新型企业。最早明确提出混合所有制概念并加以说明的经济学家可能是薛暮桥先生,在薛暮桥先生[①]1987年的研究中他指出,随着改革开放的深入进行,我国所有制形式日趋复杂,先后产生在不同行业、不同地区有的国有企业之间、国有企业和集体企业之间、集体企业之间、集体企业与民营企业之间,形式是合资经营或合作经营,这样便形成了多种形式的混合所有制。进行合资和合作的企业,既可以分别持有自己的资本、独立核算、自负盈亏、保持原有所有制性质,同时参与的各方企业又可以共同投资、共同经营,并按投资份额承担风险与分享利润,这些合作企业就成为合营企业,当这些企业属于不同的所有制时,联合形成的新的合资经营企业就是混合所有制企业。

1992年召开了中国共产党第十四次全国代表大会,明确了建立社会主义市场经济体制是中国经济体制改革的主要方向,为国有企业改革进一步解放了思想。同时报告中还提出"在所有制结构上,以公有制包括全民所有制和集体所有制经济为主体,个体经济、私营经济、外资经济为补充,多种经济成分长期共同发展,不同经济成分还可以自愿实行多种形式的联合经营"。1993年,党的十四届三中全会通过了《中共中央关于建立社会主义市场经济体制若干问题的决定》,这个决定第一次提到了"财产混合所有"的概念。之后1997年的党的十五大提出要全面认识公有制经济的含义,并明确指出公有制经济中应包含"混合所有制经济中的国有成分和集体成分"。在党的十五大和十四届三中全会后,有关混合所有制的研究迅速增加。吴敬琏[②]等(1998)的研究指出,有必要进行国有经济的战略性改组,主要途径是收缩国有经济战线和实现国有企业的股权多元化。报告提出,应鼓励非国有资本进入国有企业,将国有独资企业改造成国有控股或国有参股企业。张文魁[③](1999)对国有企业股权结构调整问题进行了分析,在研究中他指出,要改变国有股"一股独大"的状况才能真正改善国有企业公司治理,主要的办法就是要转让国有股全部或者部分股份,逐步推进股

---

① 薛暮桥.我国生产资料所有制的演变[J].经济研究,1987(02):15-28.
② 吴敬琏,张军扩,刘世锦.国有经济的战略改组[M].北京:中国发展出版社,1998.
③ 张文魁.国有企业应该进行股权结构的调整/国有企业改革15题[M].北京:中国经济出版社,1999.

权的多元化,这也基本体现了混合所有制的改革方向。何立胜,管仁勤[①②](1999,2000)分析了我国混合所有制产生与发展的必要性和重要性,阐述了混合所有制的功能和优势,他们认为,混合所有制是社会主义市场经济所需要的产权制度基础,能够适应社会化生产并促进生产力的发展,混合所有制企业与市场经济的兼容性要优于纯粹的国有企业。混合所有制早期的主要文献主要是对混合所有制实践经济的总结,透彻分析混合所有制在我国出现的根本原因的研究较少,但在当时也对解放思想和推动相关政策出台起到了重要的作用。

混合所有制经济近期文献方面,有两个时期对此问题的研究十分活跃,分别是党的十五大、十六大、党的十六届三中全会和之后的几年和2013年党的十八届三中全会以后。党的十五大、十六大报告都提出公有制经济中应当包括混合所有制经济,除了重要企业由国家控股外,要积极推行股份制,发展混合所有制经济。晓亮[③](2004)认为,混合所有制可以笼统地理解为社会所有制,但又不能一概而论,要看企业的股权归属和经营原则。而混合所有制的主要优势一方面是有助于分离企业的所有权和控制权,有效提升资本运用效率,另一方面还有利于企业开辟和扩大资本来源,充分发挥来自不同所有制的资本优越性,使企业做大做强。顾钰民[④](2006)指出,混合所有制是以公司制度为载体的现代资本组织形式,符合生产力发展要求,体现了生产社会化。混合所有制分别在产权制度、经营制度和分配制度上体现了其作为微观经济制度的各项优越性,有利于市场资本流动,企业两权分离,比单一所有制具有更高的制度效率。张文魁[⑤](2007)通过调查分析大量样本数据,梳理了20多年国有企业的改革路径,并阐述和分析了国有企业产权改革的中国范式,对股权多元化、混合所有制和内部人持股等问题进行了比较深入的探讨。万华炜[⑥](2007)分析了混合所有制经济的产权制度,提出了混合所有制存在的产权不清问题,不同所有制性质股东之间的不同目标的调适问题,监控机制和利益主体激励问题以及集体决策

---

① 何立胜,管仁勤.混合所有制———一种最具与市场经济兼容力的所有制形式[J].经济问题探索,1999(07):8-10.
② 何立胜,管仁勤.我国混合所有制经济问题研究[J].南京经济学院学报,2000(4):44-47.
③ 晓亮.论大力发展混合所有制[J].经济学家,2004(02):36-40.
④ 顾钰民.混合所有制的制度经济学分析[J].福建论坛·人文社会科学版,2006(10):16-20.
⑤ 张文魁.中国国有企业产权改革与公司治理转型[M].北京:中国发展出版社,2007.
⑥ 万华炜.中国混合所有制企业产权制度研究[M].北京:中国经济出版社,2009.

有效性问题,主张要为混合所有制经济发展提供有效制度供给,以充分发挥其在社会主义市场经济中的功能。张作云[①](2008)从内涵角度、空间范围、资产组合方式等方面讨论了对混合所有制经济的定义和分类,以及国内学者对混合所有制经济性质的主要看法,在此基础上他指出,对混合所有制的认识无法统一主要是由于研究方法的非科学性,并提倡应该引入一个科学的研究问题的方法以消除分歧。

在2013年年底,党的十八届三中全会在《中共中央关于全面深化改革若干重大问题的决定》中将国有企业改革再次提上日程,并将发展混合所有制经济上升到"中国基本经济制度的重要实现形式"的高度,黄群慧[②](2013)重点分析了进一步推进混合所有制经济的主要障碍,包括大型国有企业的政策使命问题、国企领导人的行政级别问题、民营企业自身发展问题和市场环境和法律体系不完善等问题,并给出了一系列针对性建议。厉以宁[③](2014)澄清了一些对混合所有制经济的偏颇认识,阐述了混合所有制经济对提升资源配置效率的重要意义,并明确提出,推进员工持股制可以促进混合所有制经济的发展。黄速建[④](2014)认为,发展混合所有制对深化国有企业改革,优化市场资源配置和提高企业竞争力起着至关重要的作用。同时分析了国有企业混合所有制改革即将面临的主要问题并提出了推进改革的若干举措。汤吉军[⑤](2014)指出,从契约的不完全性角度分析资产专用性投资与企业所有权配置,能够内生化解释混合所有制的来源,同时强调促进混合所有制发展需要降低资产专用性、提高信息对称程度、减少交易成本,创造良好的缔约环境。张卓元[⑥](2014)肯定了发展混合所有制经济对国有资本保值增值、提高竞争力的重要意义,同时提醒,应防止在产权交易中暗箱操作造成的国有资产流失,避免出现国有资本一股独大、侵害中小股东利益的现象和公司治理结构不完善等问题,为不同所有制资本提供公平的环境和平等的待遇。

---

① 张作云.关于混合所有制经济的内涵和性质问题——兼论混合所有制经济的研究方法[J].海派经济学,2008(2):63-77.
② 黄群慧.新时期如何积极发展混合所有制经济[J].行政管理改革,2013(12):49-54.
③ 厉以宁.中国道路与混合所有制经济[J].中国市场,2014(23):3-11.
④ 黄速建.中国国有企业混合所有制改革研究[J].经济管理,2014(07):1-10.
⑤ 汤吉军.不完全契约视角下国有企业发展混合所有制分析[J].中国工业经济,2014(12):31-43.
⑥ 张卓元.混合所有制经济是什么样的经济[J].求是,2014(08):29-31.

总体而言,对于混合所有制经济的探讨主要出现于 20 世纪 80 年代中后期,并逐渐增多,早期文献的侧重点主要是论证混合所有制经济与社会主义市场经济的兼容性,近些年的研究主要着眼于混合所有制的优越性和发展进行改革应该注意的问题,对混合所有制经济内涵与性质的认识进一步深化,厘清了新阶段发展混合所有制的目的与意义,同时也对发展混合所有制经济的途径提出了相关的政策建议。这些文献对于明晰和加深对混合所有制的认识以及推动政府政策起到了积极的作用,但遗憾的是,对混合所有制兴起原因的深度发掘和理论分析的文献比较少。

1.2.1.2 针对混合所有制企业的主要研究

进入 21 世纪以后,我国混合所有制经济发展进程得到推进,对混合所有制企业发展的一些理论和实证分析也随之增加。在发展混合所有制企业的目的与意义方面,吴敬琏[1](1993)明确指出,不清晰的企业产权和不合理的法人治理结构是导致国有企业效益低下和发展停滞的主要原因。当国有企业产权不明晰时,就会存在软预算约束问题,由国家为企业分担经营风险,致使企业没有发展动力。胡颖,刘少波[2](2005)认为,混合所有制改革有助于发挥多元产权主体的优势,帮助国有企业解决产权不清、委托代理链条过长等问题,有利于实现政企分开、提高企业治理效率、完善企业经营机制、建立现代企业制度、促进技术创新、提高竞争力,使国有企业建立起适应市场竞争要求的经营机制和管理体制。张维迎[3](2014)提出,产权改革是国企改革的关键,只有让非国有经济加入国有经济中去,承担股东角色,让私有产权形成有效的利益激励机制,才能改善国有企业的公司治理结构和经营效益。李维安[4](2014)认为,发展混合所有制,可以解决国企改革的"内部治理外部化、外部治理内部化"问题。在国有企业中引入民营资本,既可以发挥民营资本的灵活市场机制,又可以发挥国有资本的资本优势,两者优势合二为一,由此产生"1+1>2"的治理效果。发挥混合所有制,有利于改变国有企业目前两权不分、政企不分、社企不分、党企不分的"四不

---

[1] 吴敬琏.大中型企业:建立现代企业制度[M].天津:天津人民出版社,1993.
[2] 胡颖,刘少波.混合所有制与国有企业产权多元化改革[J].科学·经济·社会,2005,23(2):30-33.
[3] 张维迎.理解公诉:产权、激励与治理[M].上海:世纪出版集团、上海人民出版社,2014.
[4] 李维安.深化国企改革与发展混合所有制[J].南开管理评论,2014,17(03):1-1.

分离"的现状,提高国企治理的有效性,加快国企改革进程。陈林,唐杨柳[①](2014)收集整理了 1999 年至 2007 年中国工业企业的数据,通过实证检验发现,混合所有制改革可以有效降低国有企业的社会性负担和战略性负担,同时发现与竞争性行业相比,垄断性行业的混合所有制改革效果更加明显。因此,他们认为,下一阶段的重点是推进垄断性行业的混合所有制改革。吴延兵[②](2014)通过比较我国不同所有制企业的技术创新能力,指出产权性质差异是导致企业技术创新激励存在差别的主要原因。研究指出,不同所有制企业中,最具创新意识的是混合所有制企业,最缺乏技术创新能力的是国有企业,私营企业具有专利创新优势但不足之处是整体创新能力有待提高。外商投资企业因依赖于母公司的技术转移,创新投入虽然不多,但却能够借助母公司的研究和开发在新产品推出上保持优势。马连福,王丽丽,张琦[③](2015)通过对 2001—2013 年上海证券交易所中的国有竞争类上市公司样本数据的整理,分析了混合所有制改革对竞争类企业绩效的影响。研究指出,在完善的制度环境下,当非国有股东持股比例处于 30%到 40%之间时,最能体现非国有资本对企业绩效改善的作用。郭放,潘中华[④](2015)从三个方面阐述了发展混合所有制对国有企业改革的作用:第一,引入民营资本可以带来更先进的管理经验和机制,从而提高国有企业的经营业绩。第二,民营资本的进入可以为国有企业带来更高效的激励制度。第三,引入民营资本可以加强国有企业的监督机制,有效缓解委托代理问题,显著降低"代理成本"。

在发展混合所有制企业应注意的问题及发展途径方面,李涛[⑤](2002)通过分析中国上市样本公司,发现政府在决定国有股权比重过程中面临的逆向选择问题,在上市前,国有股权比重和公司业绩明显呈反比例关系。但在公司上市后,两者则呈正相关,国有股权比重内生决定于公司利润最大化过程。所以,在国有企业改革中,不能一概而论,而是应该根据不同公司的实际情况进行操作,

---

① 陈林,唐杨柳.混合所有制改革与国有企业政策性负担——基于早期国企产权改革大数据的实证研究[J].经济学家,2014(11):13-23.
② 吴延兵.不同所有制企业技术创新能力考察[J].产业经济研究,2014(02):53-64.
③ 马连福,王丽丽,张琦.混合所有制的优序选择:市场的逻辑[J].中国工业经济,2015(07):5-20.
④ 郭放,潘中华.对我国混合所有制企业发展的若干思考[J].经济纵横,2015(04):65-68.
⑤ 李涛.混合所有制公司中的国有股权——论国有股减持的理论基础[J].经济研究,2002(08):19-27.

如果在公司上市后业绩状况仍然不好,则可以对其国有股进行减持。常修泽[①](2004)认为,国有企业产权改革应该进行分类管理:极少数涉及核心安全和特殊性质企业实行国有独资;少数重要领域和关键部门实行国有控股,并逐步向"有效控股"过渡;一般产业的大中型企业应深化产权多元化改革,可以通过产权转让的方式实行资产置换;其他中小型企业应逐渐让国有资本退出来,让民营资本发挥作用。杨建君[②](2014)认为,大型国企混合所有制改革,应当注意至少三方面问题,分别是:政府应当逐渐放权,减少对企业经营运行的具体干预;实施去行政化管理,实现企业领导人的市场化选聘和任用;体现国有企业的现代企业特点,明确不同类型国有企业的功能与定位,提高国有企业经营效率。杨红英,童露[③](2015)指出,混合所有制改革下公司治理主要面临的问题包括股权结构不清晰、党政干部管企业和公司治理结构不完善等,应从内部治理结构和外部环境和制度两方面共同着手,为混合所有制治理提供有效保障,提高混合所有制企业的治理效率。余菁[④](2014)认为,企业发展混合所有制应该以企业家为中心,逐步建立职业经理人制度、深化内部用人制度改革、形成市场化激励和约束机制;建立有效监管机制,保证信息公开透明;完善公司治理结构,形成有效的制衡关系。刘崇献[⑤](2014)提出,可以通过联合新建、增资扩股、股权置换等方式重组国有企业,建立新的混合所有制企业,同时,国有企业改革应该视企业性质、功能和承担的社会责任采取国有资本绝对控股、相对控股和参股三种形式。郝云宏,汪茜[⑥](2015)为解决国有股权和民营股权的激励相容问题,以股权分置改革后的"鄂武商"为案例,结合上市公司的股权结构特征,对民营股东和国有股东在公司中的博弈和制衡进行了分析。研究结果指出,参股股东可以通过引入关系股东、争取董事会席位以及运用法律制度等手段制衡大股东,为化解当前国有控股企业中民营股东与国有股东的"控制权冲突"提供了必要的借鉴。

---

① 常修泽.中国国有企业改革和民营经济发展中的几个突出问题[J].产权导刊,2004(8):1-6.
② 杨建君.大型国企混合所有制改革的关键环节[J].改革,2014(05):41-43.
③ 杨红英,童露.论混合所有制改革下的国有企业公司治理[J].宏观经济研究,2015(01):42-51.
④ 余菁."混合所有制"的学术论争及其路径找寻[J].改革,2014(11):26-35.
⑤ 刘崇献.混合所有制的内涵及实施路径[J].中国流通经济,2014(07):52-58.
⑥ 郝云宏,汪茜.混合所有制企业股权制衡机制研究——基于"鄂武商控制权之争"的案例解析[J].中国工业经济,2015(03):148-160.

众多学者都对混合所有制的优越性进行了论证,分析和阐述了混合所有制企业的各种优势,对混合所有制企业的实践发展起到了很好的推动作用,但是更多的是在比较宽泛的范畴讨论混合所有制企业的特点,针对行业具体分析混合所有制改革的必要性和成效的文献较少。

1.2.1.3 国有商业银行混合所有制改革的主要研究

在国有商业银行产权改革的必要性方面,张杰[1](2004)提出,如果不能改变微观经济基础,仅凭对银行资本结构进行调整,无法解决国有商业银行存在的诸多问题。国有资本本身不会造成企业的低效运行,关键问题出在国资部门获取收益的特殊经济流程。刘小玄[2](2005)在研究中表明,在竞争市场上,人力资本是影响企业竞争力的重要因素,且具有不可替代性,因此,由个人资本掌握企业的控股权和经营决策权更有利于企业发展。在具有政府控制力量的垄断竞争市场上,由于企业对于国有资源和个人资源的双重依赖性,选择国有与民有的合资或合作的产权契约,通过产权权益的合理配置,能够保证企业的剩余控制权具有必要的个人股权约束,同时又激励企业家更多的创新投入。这样,企业竞争力能够不断持续,国有权益也能得到有效保障。麦元勋,卓燕淳[3](2007)对比了中国银行、中国建设银行和中国工商银行上市前后的主要经营指标,证实了三家银行在股份制改革和上市之后,显著提升了经营绩效,优化了资产质量,初步实现了上市目标。由此可见,国有商业银行进行产权改革是非常合适的。王永钦,李明[4](2008)从互联合约的视角,分析了中国经济转型的经济基础和社会背景。研究发现,市场结构和制度结构的相互协调对于中国经济转型的绩效有着非常重要的意义。宋清华,傅钟仁,林秉旋[5](2008)指出,中国政府通过给国有商业银行注入资本、帮助其剥离不良资产,为其承担了经营风险和损失。同时利用优惠的税收政策和利率政策推进了国有商业银行的改革,最终改革的结果是成功的,政府承担的损失最终得到了弥补,国有资本得到了保值与

---

[1] 张杰.注资与国有银行改革:一个金融政治经济学的视角[J].经济研究,2004(06):4-14.
[2] 刘小玄.国有企业改制模式选择的理论基础[J].管理世界,2005(01):102-110.
[3] 麦元勋,卓燕淳.国有银行上市成效比较分析与建议[J].江苏商论,2007(12):161-164.
[4] 王永钦,李明.理解中国的经济奇迹:互联合约的视角[J].管理世界,2008(10):5-20.
[5] 宋清华,傅钟仁,林秉旋.论政府主导型国有商业银行改革[J].财贸经济,2008(06):20-27.

增值,国有商业银行的安全性和盈利性也得到了提升。但是中国国有银行仍然存在公司治理结构不完善、风险评估和管理能力较差和创新能力不足等问题,所以应当进一步推进其市场化改革。类承曜[①](2009)分析了国有银行改革的股份制改革、市场化改革和财务重组三个领域中存在的问题,指出虽然改革方向正确,也收到一定的成效,但由于政府仍然主要考虑自身的成本和收益,以至于改革主要停留在技术层面而回避了深层次的本质问题,所以改革尚未获得完全成功。李喜梅[②](2011)在研究中列举了国有银行市场化改革所需要的制度基础,对国家效用函数模型进行了拓展,最后得出结论,国家效用函数和国有银行的自身条件共同决定了转轨时期国家由政府出资控制国有银行的情况。但逐步引入非国有资本注入国有商业银行也是符合市场发展规律和国有银行发展要求的。杜莉,张鑫[③](2014)整理了国有商业银行产权改革开始到 2011 年的样本数据,运用财务指标分析方法度量了国有商业银行改革前后的经营能力的变化,发现产权制度改革有效提高了银行的绩效水平,并使其在整体上市银行中领先于其他金融机构。在国有银行产权改革的效率以及影响改革绩效的因素方面,吴栋,周建平[④](2007)采用随机前沿分析(SFA)方法估计了我国 14 家商业银行在 1998 年至 2005 年间的成本效率、标准利润效率和可替代利润效率,并以上述效率作为参考标准,对商业银行股权结构和银行效率之间的关系进行了研究。结果证实,在进行商业银行股权结构调整时,不应由国家进行直接持股,而是应该采取国有法人股的方式,并允许外国战略投资者也占有相当一部分股份。侯晓辉,李婉丽,王青[⑤](2011)利用 SFA 面板数据模型,对 2001 年到 2008 年全国商业银行的技术效率指数、技术变化指数与规模效率指数进行了测度,并计算了广义全要素生产率指数。得出结论为,样本中的股份制商业银行的全要素生产率要高于国有商业银行,体现了商业银行的产权改革有一定的效

---

① 类承曜.国有商业银行改革的逻辑:一个政治经济学视角[J].中央财经大学学报,2009(02):25-31.
② 李喜梅.重新认识国有银行的作用与改革方向[J].财政研究,2011(04):15-18.
③ 杜莉,张鑫.国有商业银行产权制度改革绩效评析[J].经济学家,2014(02):73-79.
④ 吴栋,周建平.基于 SFA 的中国商业银行股权结构选择的实证研究[J].金融研究,2007(07):47-60.
⑤ 侯晓辉,李婉丽,王青.所有权、市场势力与中国商业银行的全要素生产率[J].世界经济,2011(02):135-157.

果。吴晨[①](2011)运用了非参数的数据包络分析法(DEA)对我国14家上市商业银行2002年至2009年的技术效率、纯技术效率和规模效率进行了估计,研究发现,在技术效率方面,国有控股商业银行相对较差;在规模效率方面,14家上市银行的规模效率均处于较高水平。王倩,黄蕊[②](2012)利用产出导向BCC模型测算出国有银行静态效率及全要素生产率跨期变动,并得出结论,产权改革前后,非国有银行的效率相对较高,但国有银行的全要素生产率的增长速度处于较高水平,所以国有商业银行和非国有商业银行的整体效率相差无几。廖芙秀,颜芳[③](2012)认为,我国商业银行产权改革的核心问题并不是简单的国有化或私有化,而是要设立与当时的经济和政治制度相协调的产权制度。张立新[④](2012)在研究中同样采用了数据包络分析法(DEA),选取了2008、2009两年的数据,对国有控股商业银行、全国性股份制商业银行和城市商业银行的技术效率、纯技术效率和规模效率进行了比较和剖析,对其银行整体效率进行了评价。研究结果表明,股份制银行因为具有产权结构清晰、公司治理结构完善的特点,比国有商业银行具有更高的效率。

1.2.2 国外关于所有制改革与发展混合所有制的研究

1.2.2.1 关于所有权理论的研究

在所有权理论的创立和解释方面,Coase[⑤⑥](1937,1960)是企业所有权研究方面的先驱者之一,科斯定理被认为是产权经济学的基础,他提出了在经济交易中,清楚地界定和安排权利归属是至关重要的。科斯指出,即便存在完全竞争的市场,它也只有在对产权有明确的界定后,才能发挥作用。进一步讲,当市场交易没有费用,则无论产权初始怎么安排,交易双方都可以通过协商谈判实

---

① 吴晨.我国上市商业银行效率测度及影响因素分析——基于DEA的实证分析[J].山西财经大学学报,2011(11):47-54.
② 王倩,黄蕊.国有银行产权改革绩效与制度创新[J].江汉论坛,2012(05):49-53.
③ 廖芙秀,颜芳.中国银行后产权改革的阶段评价[J].中央财经大学学报,2012(04):32-37.
④ 张立新.基于DEA的我国商业银行效率评价[J].山东社会科学,2012(01):142-145.
⑤ Coase R. The Nature of the Firm [J]. Economica,1937,4(6):386-405.
⑥ Coase R. The Problem of Social Cost[J]. Journal of Law and Economics,1960,3:1-44.

现福利的最大化安排,也就是帕累托最优状态会在市场机制的作用下实现。但如果交易成本为正,在产权已经被清晰界定后,当事人各方也会通过合同找到费用较低的制度安排,制度安排的选择以它所能带来的生产价值的增加大于它运作所需的成本来决定。Williamson[①](1971)从纵向一体化入手,解释了企业存在的原因,和企业与市场的边界。文中同时分析了市场失灵的因素主要有专用性投资、契约的不完全性、道德风险、信息处理效应以及制度适应,并得出了一些重要结论:企业本身其实也是一种治理结构,不同于市场的是要通过命令来处理争端和施加控制;在外部采购中的机会主义行为的倾向会随着投资属性的变化呈现出差异性,资产专用性问题在处理机会主义问题中应当受到充分重视;与敲竹杠问题相比,适应问题更应该是组织问题关注的重点内容;交易属性的变化可能会对企业和市场组织的特性产生影响,因此要对其加以考虑和权衡。Alchian 和 Demsetz[②](1972)阐述了产权的定义和功能,分析了不同产权结构和效率的关系。他们指出,团队生产是投入的联合与联合使用,可以促进有效的专业化分工,它的产出会大于投入的分别使用的产出总和。这个通过合约形式形成了一个集中的共同团体促进了团队生产中的联合使用的有效组织,就是所谓的企业。由几种不同所有者的联合投入所生产的产品的不可分割性,就会引起对每一种投入所有者的资源或服务的边际生产率的评价成本。对生产率的计量与监督无疑是需要成本的,由于团队生产而造成的监督和测度的成本会导致企业的"偷懒"行为,因此需要监督者对员工进行监督,对于监督者的激励来自给予监督者剩余索取权。

在所有权理论的推动和应用方面,Jensen 和 Meckling[③](1976)提出的所有权结构融合了代理理论、产权理论和金融理论,他们认为,代理关系是一种合约关系,基于这种合约关系,个体或集体请另一人来帮助他们履行一部分权利、责任和服务。代理成本主要包括委托人的监督支出、代理人的保证支出和剩余损失。有关现代公司的法律和契约需要被不断完善以促进代理成本最小化。

---

① Williamson O. The Vertical Integration of Production: Market Failure Considerations. [J]. American Economic Review, 1971, 61(2): 112-23.

② Alchian A A, Demsetz H. Production, Information Costs, and Economic Organization[J]. American Economics Review, 1972, 62(5): 777-950.

③ Jensen M, Mecking W. The Theory of Firm, Managerial Behavior, Agency Cost and Ownership Structure[J]. Journal of Financial Economics, 1976, 3(4): 305-360.

Grossman 和 Hart①(1986)通过对不完全契约的分析扩展了企业理论,他提出,因为契约是不完备的,资产这一简单的术语没有办法将所有权界定清楚。原因是,在契约中,真正影响资源配置的不是那些可预见的权利,恰恰是那些并未在契约中被说明的资产用法的控制权利,也就是剩余控制权。因此,对一项资产的所有者而言,关键的是对该资产剩余权利的拥有。据此,他将所有权定义为拥有剩余控制权或事后的控制决策权。当契约不完全时,将剩余控制权配置给投资决策相对重要的一方是有效率的。Holmstrom 和 Milgrom②③(1991,1994)建立了一些委托代理模型,对委托代理进行了深入的解释,即在给定一系列极不完整的绩效测度指标和一系列极其复杂的代理人潜在反应后,如何激励代理人去为社会利益而行动。控制代理人某项活动绩效手段的范围要比仅仅决定如何实行绩效的奖励报酬宽泛得多。可以改变相关资产的产权,改变工作手段上的约束,或者改变竞争性活动的限制和激励等等。其中值得注意的是,所有权可能改变代理成本,同时所有权对公司的激励机制会对公司效率产生重要影响。Shleifer 和 Vishny④(1994,1997)探讨了国家所有权,他们指出,国家所有权与政府干预密切相关,要进行根本性改革就需要从国家所有制私有化入手。Brada(1996)⑤对一些转轨国家的私有化进程进行了研究,并认为私有化是成功转轨的关键因素。

1.2.2.2 关于国有商业银行产权改革的研究

国际上有一些学者对国有商业银行的产权改革问题进行了研究,在商业银行产权改革的必要性方面,Shleifer 和 Vishny(1997)⑥的研究表明,即使在市场

---

① Grossman S J, Hart O D. The Costs and Benefits of Ownership: A Theory of Vertical and Lateral Intergration[J]. The Journal of Political Economy, 1986, 94(4):691-719.

② Holmstrom B. Milgrom P. Multitask Principle-Agency Analysis: Incentive, Contracts, Assets Ownership and Job Design [J]. Journal of Law, Economics and Organzization, 1991, 7:24-52.

③ Holmstrom B. Milgrom P. The Firm as a Incentive System [J]. American Economic Review, 1994, 84(4):972-991.

④ Shleifer A. Vishny R. A Survey of Corporate Governace[J]. Journal of Finance, 1997, 52(2):737-783.

⑤ Brada J C. Privatization is Transition--Or is it? [J]. Journal of Economic Perspectives, 1996, 10(2): 67-86.

⑥ Shleifer A, Vishny R W. A survey of corporate governance[J]. The journal of finance, 1997, 52(2): 737-783.

经济高度发达的国家,因为公有产权的性质,国有商业银行除了实现经济利益之外,还需承担一定社会责任和义务,包括保持充分就业、信贷配给和信贷支农等,但是政府对银行所有权的控制会造成众多目标之间难以协调。Frydman[①](2000)对捷克、匈牙利、波兰等转轨国家的216家企业进行了分析,指出这些国家的国有商业银行存在软预算约束情况,并且造成了银行经营中的很多问题。他按所有制性质将企业的经济效益进行了比较,指出国有企业的收益增长率要比私有企业低约10%。尤其需要注意的是,哪怕有些国有企业经营不善,但是政府也不愿对其放弃,这就会出现软预算约束问题,整体而言,国有银行的市场化程度偏低。Clarke[②](2001)认为,政府对银行控股,并不能直接增加对中小企业的信贷支持,银行产权的国有化无助于稳定金融体系,反而可能会因为其与国家的密切联系而受到政治风险的波及。研究更指出,有些遭遇金融危机的国家,恰恰正是由国有银行的主导地位决定的。Paniaza[③]等(2005)的研究围绕拉美国家的国有银行展开,他们指出,这些国家的国有银行在净利差、利润率、不良贷款率等经营指标上,都不如私人资本控股银行。

在国有商业银行产权改革与银行效率关系方面,Clarke和Gull[④](1999)对阿根廷国有银行产权改革前的损失率进行计算后指出,阿根廷政府对银行注资的成本超过了产权改革净成本的2倍,在国有商业银行进行产权改革后,财政支出节约了1/3,产权改革作用显著。Clarke[⑤](2005)进一步归纳了发展中国家国有商业银行改革方式与效率的关系,并提出三个会促进改革效率的因素,分别是向战略投资者出售股权要比向私人公开发售股份对效率的改进更有效;允许外资银行参与也会提高银行的经营效率;在竞争环境下,银行的非国有化更容易成功。Hasan

---

① Frydman G, Gray C, Hessel M, Rapaczynski A. The Limits of Discipline: Ownership and Hard Budget Constraints in the Transition Economics [J]. Economics of Transition, 2000(8):577-601.

② Clarke R G, Gull R, Shirley M. Bank Privatization in Developing Countries: A Summary of Lessons and Findings[J]. Journal of Banking and Finance, 2005(29):1905-1930.

③ Paniaza U, Eduardo, Levy-Yeyati, Nejandro M. Should the government be in the banking business? [EB/OL]. 2005, IADB Working Paper No.517.

④ Clarke R G, Gull R. Why Privatize? The Case of Argentina's Public Provincial Banks [J]. World Development, 1999(21):122-151.

⑤ Clarke R G, Gull R, Shirley M. Bank Privatization in Developing Countries: A Summary of Lessons and Findings. [J]. Journal of Banking and Finance, 2005(29):1905-1930.

和 Marton[①](2003)以匈牙利为例研究了转轨经济体的银行效率问题,在报告中指出,当外资所有权比例较高的时候,往往银行的效率也更高。Bonin[②](2005)对捷克、匈牙利、保加利亚等转轨国家的银行数据进行了分析比较,他认为,私有化不一定会提高银行的经营效率,但是外资控股对银行效率的提升有着显著的作用。Yildirim 和 Philippatos[③](2007)则对1993年到2000年11个拉丁美洲国家的银行业状况进行了考察,在报告中指出,虽然外资银行的进入会在短期内减少东道国银行的利润水平和增加管理费用,但长期来看,外资的引进会推动本国商业银行效率的改进,提高银行业的稳定性和整体效率。

还有一部分国外学者对我国国有商业银行的改革绩效进行了研究,并提出了不同的看法。Hefferman[④](2005)利用1985年到2002年的数据分析了中国国有商业银行的成本效率,样本银行平均在低于成本效率50%到60%的水平上运营,国有商业银行的经营效率明显低于股份制银行。Anderson[⑤](2006)认为,改革虽然未能完全解决国有商业银行的不良贷款问题,但也有助于银行的经营风险管控。Garcia[⑥]等(2006)对中国国有银行各项改革进行了分析并指出,虽然国有银行财务状况得以改善,但业绩没有根本改观。Podpiera[⑦](2006)也通过实证分析提出,中国国有银行的经营模式和管理手段并未因改革发生根本性变化,在发放贷款时没有根据贷款风险定价,根本出发点也不符合银行的盈利目标。

1.2.2.3 关于混合所有制企业和公私合伙制度的研究

在国际学术界,企业所有权方面的理论文献非常丰富,也有不少对国有企

---

① Hasan I, Marton K. Development and Efficiency of the Banking Sector in a Transition Economy: Hungarian Experience. [J]. Journal of Banking and Finance,2003(27):2249-2271.

② Bonin J P, Harson I, Waehtel P. Banking Performance, Efficiency and Ownership in Transition Countries. [J]. Journal of Banking and Finance,2005(29):31-53.

③ Yildirim H S, Philippatos G C. Restructuring, Consolidation and Competition in Latin American Banking Markets. [J]. Journal of Banking and Finance,2007(31):629-639.

④ Hefferman S, Fu M. China: The Effects of Bank Reforms on Structure and Performance [R]. Case Business School Faculty of Finance Working Paper No. WP-19-2005.

⑤ Anderson J. How Real is China's Bank Cleanup? [R]. UBS Investment Research. 2006(1).

⑥ Garcia-Herrero A, Gavila S, Santabarbara D. China's Banking Reform: an Assessment of its Evolution and Possible Impact[J]. CES-ifo Ecnomics Studies,2006(52):304-363.

⑦ Podpiera R. Progress in China's Banking Sector Reform: Has Bank Behavior Changed? [R]. IMF Working Paper NO. WP-71-2006.

业私有化的相关研究,但对混合所有制进行专门研究的理论文献并不多见。Brook①(1987)通过对英国石油公司和加拿大发展投资公司等几个混合所有制企业进行的案例分析,考察了混合所有制企业和政府的关系,指出在进行企业决策和管理中,政府会利用自己的股份去影响或迫使企业执行其政治偏向,可能会偏离甚至背离企业的商业利益。这就意味着,这些混合所有制企业被当作了公共政策工具,并未能实现其真正的商业价值。但遗憾的是,这篇文章是案例分析,并不具有普遍意义。Backx②等(2002)选取了国际上50家航空公司的数据做样本,对其经营状况和绩效进行了实证分析。航空公司中包括国有企业、私有企业以及混合所有制企业。在该研究中,混合所有制企业被定义为私有股份占有投票权股份的6%~98%的企业,数据表明国有航空公司的绩效低于私有航空公司,而混合所有制航空公司的绩效指标介于两者之间。Bennett和Maw③(2003)在对转轨国家的国有企业私有化道路进行了研究,他们发现,政府在推进国有企业私有化改革的同时,仍然愿意在企业中保留一定的国有股份,这样就形成了混合所有制企业,并且,被继续持有的这部分国有股份对企业的投资与生产行为都产生了一定的影响。Beladi和Chao④(2006)主要分析了一些发展中国家的国有企业改革中的部分私有化现象。在这些国家中,私有化程度越高,该经济体的长期经济增长和长期就业增加条件越有利。

自20世纪90年代以来,公私合伙制度(pubilc-private partnership,PPP)在全球迅速发展起来,PPP是一种在公共基础设施建设中的公私合作模式,在这种项目融资模式下,政府与社会资本进行合作,就基础设施的建设与运营、公共服务的提供签订合约。PPP是以市场竞争的方式提供服务,以引入私人企业的投资和经营的方式,增加服务规模和提高服务质量,主要集中在纯公共领域、准公共领域。PPP不仅仅是一种融资手段,同时也是一次体制机制变革,政府和

---

① Brook S. The Mixed Ownership Corporation as an Instrument of Public Policy [J]. Comparative Politics,1987,19(2):173-191.

② Backx M,Carney M,Gedajlovic E. Public,private and mixed ownership and the performance of international airlines[J]. Journal of Air Transport Management,2002,8(4):213-220.

③ Bennett J,Maw J. Privatizatio,Partial State Ownership,and competition[J]. Journal of Comparative Economics,2003,31(1):58-74.

④ Beladi H,Chao C C. Mixed Ownership,Unemployment and Welfare for Development. [J]Review of Development Econimics,2006,10(4):604-611.

私人企业达成长期稳定的合作,信息也更加对称。通常一个按照PPP制度设立的企业既有国有股份,也有非国有股份,那么便形成了一个现实中的混合所有制企业或潜在的混合所有制企业,这类企业就会涉及未来的所有权安排和控制权安排问题。Hart[①](2003)在不完全合同的理论范畴内创立了PPP的基本分析框架,认为国家所有权存在较大弊端,PPP具有激励优势,私人所有权的引入会在一定程度上弥补政府所有权的缺陷。Bennett和Iossa[②](2006)对PPP的所有权和控制权安排做了研究,他们指出,私人所有权的引入有利于降低服务成本和提高服务质量,而且当项目的建设和运营阶段存在正外部性时,公私合作制模式可以促进项目各阶段的协同努力,最优投资激励将决定是否以及如何将建设和运营进行整合式授权。Engel[③]等(2001)、Guasch[④](2004)和Hammami[⑤](2006)都认为,公私合伙制应当防范政治风险,因为政府所具有的权威地位容易导致PPP的缔约问题,而政府行为会对履约和提高服务效率产生影响,在这些研究中指出,政府"重承诺,轻践行"的状况并不少见,政府有可能出于自身的政治利益考虑而发生背信行为,公共部门严重的腐败现象便往往成为PPP通往成功的绊脚石,不仅威胁了私人资本所有者的利益,还容易导致政治俘获从而损害纳税者及用户的利益。也就是说,即便PPP制度可以减少代理成本,但所有权安排也是至关重要的。所以,一个国家良好的政治体系和制度体系是促进PPP的重要因素,在政治稳定、制度健全、法律完善的国家,PPP合约才能被各方认真履行,否则就要承担巨大风险。更清晰的所有权安排,会为民营合作者的利益提供基本保障,同时为合同的可执行性提供依据,并有助于减少腐败等政治风险。

总体而言,国际上对于混合所有制的研究数量较少,有一些是案例研究,也

---

① Hart O. Incomplete contracts and public ownership: remarks and an application to public-private partnership [J]. Economic Journal, 2003, (113): 69-7.

② Bennett J, Iossa E. Building and managing facilities for public services[J]. Journal of Public Economics, 2006, (90): 2143-2160.

③ Engel E, Fischer R, Galetovic A. Least Present Value of Revenue Auctions and Highway Franchising [J]. Journal of Political Economy, 2001, 109 (5).

④ Guasch J L. Granting and Renegotiating Infrastructure Concessions: Doing it Right[R]. 2004, Washington: The World Bank.

⑤ Hammami M, Ruhashyankiko F, Yehoue E. Determinants of Public-Private Partnerships in Infrastructure [R]. IMF Working papers, 2006.

有一些是样本实证分析,关注点多在企业的绩效方面,对研究我国国有企业混合所有制改革有一定参考价值,但情况还有很大区别。同时说明混合所有制在国际上不是一种普遍现象,往往在转轨国家蓬勃发展。虽然 PPP 的历史较短,但是在西方国家发展速度非常快,并且国际学术界对其的研究文献也很多,他们发现,即便在 PPP 的严密合约下,所有权安排仍然是需要关注的重要问题,私人所有权的引入利于改善激励机制和提高效率,但控制权结构却不完全取决于所有权安排,所以如何降低政治风险对公私合作的影响是非常关键的。这对研究中国混合所有制企业的治理同样有着重要的借鉴意义。

1.3 研究思路与研究方法

1.3.1 研究思路

本书研究思路如图 1.1 所示。

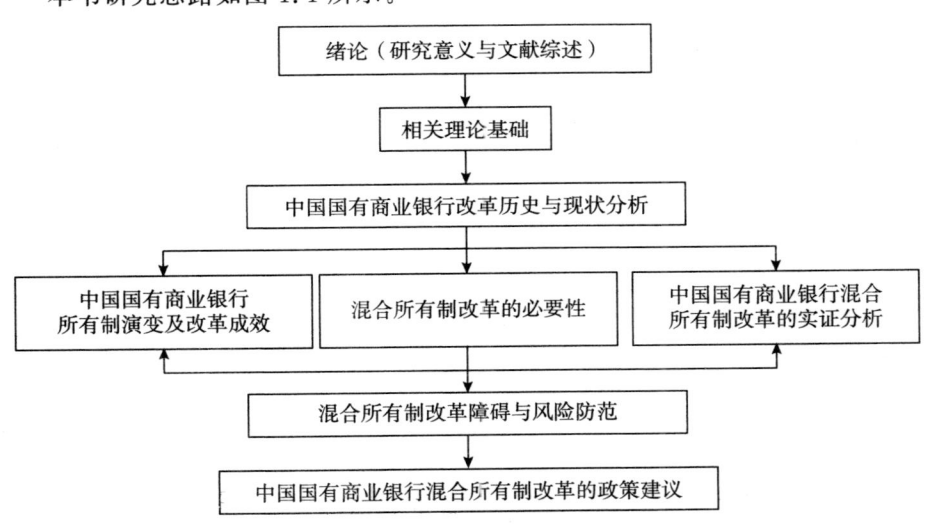

图 1.1 本书研究思路

1.3.2 研究方法

1.3.2.1 规范分析与实证分析相结合

本书对中国国有商业银行混合所有制改革涉及的相关理论包括交易成本、委托代理、不完全契约和博弈论等原理和研究方法进行了规范分析。并通过上市银行年报收集了 4 家国有商业银行和 12 家上市股份制银行在 2006—2015 年间的业绩表现数据,对混合所有制和商业银行的业绩表现、业务创新进行了实证分析。因此本书实现了规范分析与实证分析相结合。

1.3.2.2 博弈分析

博弈论是适应社会科学的需要而发展起来的理论,用于系统地分析多方参与的情形,它的重要假设就是参与者具有自利的目的并同时预测其他参与者的行为,这为分析、预测和管理社会情形提供了重要的工具,也同样是分析混合所有制改革的有效工具。本书中对国有股东绝对控股、国有股东相对控股情况下国有股东和非国有股东的博弈情况进行了分析。

1.4 研究内容及结构框架

1.4.1 研究内容

中国国有商业银行是直接参与市场经济的主体,是我国金融业的主体组成部分和金融服务的主要提供者,也是社会资金的主要筹集者和供给者,在市场经济中发挥着重要的杠杆作用。对所有制的探讨,实际上就是企业的产权问题,产权制度是企业最基础性的制度安排,也是我国国有企业改革的核心要点。发展混合所有制经济有利于提升市场配置资源的能力、促进国有资产流动、提高企业生产效率、转变政府管理职能等,可以为市场、企业、政府带来丰厚收益。

但与此同时,发展混合所有制经济过程中存在大量的交易成本,并伴有资产流失、整合不当、分配不公等诸多风险,有可能给国有资产、企业和市场带来损失。因此在认识到发展混合所有制经济的先进性和优越性的同时,也要防范混合所有制失灵带来的成本和风险。本书的研究内容主要可以概括为四个方面:首先分析了混合所有制改革涉及的相关理论,并探讨了重要理论在混合所有制改革中的现实意义及应用;其次,对中国国有商业银行所有制演变及存在的问题进行了梳理,并进行了实证研究,分析混合所有制改革对商业银行绩效与创新的影响;再次,对国有商业银行可能遇到的混合所有制改革失灵和风险进行了总结,并提出了应该注意的问题;最后,为我国国有商业银行混合所有制改革从市场、银行、政府和法律层面都提出了相关政策建议。

1.4.2 结构框架

本书共分为7章,具体内容如下。

第1章为绪论,包括本书的研究背景和意义、国内外相关文献述评、研究思路和研究方法、主要内容、结构框架以及可能存在的创新与不足之处。

第2章为混合所有制改革的相关理论基础,本章分别对混合所有制改革涉及的理论基础进行了梳理,包括交易成本问题、委托代理理论、不完全契约问题和博弈论。

第3章为中国国有商业银行所有制演变及改革成效,梳理了国有商业银行从"大一统"的一元化银行体系到专业银行的设立,再到股份制改革的演变过程,并对国有商业银行所有制改革在产权多元化、引进境外战略投资者、建立现代企业制度和改善财务指标等方面取得的成效进行了评析,最后总结了国有商业银行所有制改革的主要特点。

第4章为中国国有商业银行混合所有制改革收益分析,分别从混合所有制改革有利于提高国有银行核心竞争力、有利于保持银行业充分竞争及有利于激活要素市场三个方面进行了阐述。

第5章为混合所有制改革与国有商业银行的经济绩效和业务创新的实证分析,通过对4家国有商业银行和12家上市股份制银行2006—2015年业绩表现和混合所有制程度的实证检验,得出混合所有制程度分别与银行绩效和业务创新能力的关系。

第6章为混合所有制改革失灵问题，一方面，本章结合西方经济学理论，对交易成本过高导致的混合所有制改革失灵、资产专用性导致的混合所有制改革失灵、委托代理中的道德风险引起的混合所有制改革失灵问题以及混合所有制改革的博弈分析进行了梳理。另一方面，对国有商业银行在进行混合所有制改革中的成本和收益进行了分析，并阐述了改革过程中可能遇到的价值风险、决策风险和整合风险，提出了防范以上风险的主要办法。

第7章为中国国有商业银行混合所有制改革路径，根据前文混合所有制改革的理论基础、我国国有商业银行的现存问题和需要防范的风险，提出了实现国有商业银行市场化的建议，主要对策包括培育真正的市场主体、构建现代市场体系、营造良好外部市场环境三个方面。

1.5 主要创新与不足之处

1.5.1 主要创新

（1）本书在对混合所有制涉及的相关理论进行梳理的基础上，结合西方经济学理论，提出了由于交易成本、不完全契约、委托代理所导致的混合所有制改革障碍，进行了定性分析，并提出了应防范的风险。

（2）通过理论假设和数据处理，实证检验了我国国有商业银行的混合所有制改革与业务创新之间的相关性及其原因，得出混合所有制改革有利于商业银行进行业务创新的基本结论，并且针对实证分析结果，分别从市场主体、市场体系和市场环境三个方面，对如何推进中国国有商业银行混合所有制改革、实现国有商业银行市场化提出了相应政策建议。

1.5.2 不足之处

（1）理论方面，发展混合所有制经济涉及的理论内容较多，层次也较深，但受笔者对理论认识的程度所限,加之在以往的研究中,专门针对国有商业银行混合所有制改革的研究相对较少,不能为本书的写作过程提供充分的参考和依据。所以,文中难免存在一些分析不到位、研究不透彻之处。

(2)数据方面,因为有些银行上市时间较晚,所以并非16家银行的业绩数据均覆盖2006—2015年,会导致实证结果有一定误差。另外,因为数据不充分,未能对混合所有制改革中股权集中程度对银行业绩表现的影响加以分析,导致研究缺乏一定的数据支撑。

第 2 章 混合所有制改革的相关理论基础

2.1 交易成本理论

交易成本理论是将财产引入经济分析的重要概念,是用比较制度分析方法研究经济组织制度的理论,也是西方产权理论的重要基石。西方交易成本理论的奠基人是 Ronald H. Coase, Oliver Williamson, Armen Albert Alchian 以及 Harold Demsetz 等等,他们界定了交易成本,并在理论上和实际案例的探析上均对交易成本经济学进行了发展与开拓,并将其应用到产业组织、公司治理、公共选择等领域的研究。对交易成本理论的研究有助于认识、理解和发展现代产权理论。在现代社会,企业的交易成本甚至要高于生产成本,因此其具有广泛的应用价值。因此,在推进混合所有制经济发展的进程中,同样不可以忽略改革过程中出现的交易费用。研究交易成本的目的就是界定和调整所有权规则,若要有效提升资源配置的效率,则必须要尽量减少交易成本。

2.1.1 交易成本理论背景

2.1.1.1 科斯的交易成本理论

交易成本由著名的英国经济学家罗纳德·哈里·科斯(Ronald H. Coase)率先提出,这位诺贝尔经济学奖得主的杰出学术贡献是用交易成本揭示了企业的本质。科斯1937年发表的经典论文——《企业的性质》被认为是交易成本范畴的创立和交易成本理论体系的重要基础[1]。在这篇代表作中,科斯重点对以下两方面进行了探究与分析,其一是企业存在的缘由,其二则是企业边界的问题。当时的其他经济学家们在回答企业产生的原因时,将价格机制看作经济体制的协调工具,但同时提出,也需要特定的计划确保经济体系有序运转。换言之,就是在企业外部,生产情况受市场价格的变动所影响,然而在企业内部,生产则是由企业的高管进行有效的指挥与操控。然而科斯却认为,若企业的生产过程与管理过程均通过价格机制进行有效调节,即使不存在任何组织,也不会影响生产,那组织存在的意义何在？在列举了几个企业出现的原因后,科斯表明了自己的看法,他指出,价格机制在运行和发挥其作用的过程中是需要花费成本的,也就是市场的运行是存在费用的,为了能使这种费用减少,可以相应地组成一个组织,并且准许某一个权威（可能是"企业家"）来合理高效地配置企业的资源,通过这种办法可以实现降低市场运行成本的目的。就企业内部而言,契约书与协议书虽然不会全部消失,但是能够呈现出明显的缩减,这是由于企业的形成使企业内部不同生产要素（或其所有者）之间的合同不再有意义,一个新的合同取代了原来市场中的一系列合同,由企业代替价格机制发挥资源配置的作用。根据以上理论,市场运行中成本的存在导致了组织的产生,既然建立企业能够有效节省交易成本,为什么不让企业继续不断扩张直至彻底替代市场呢？文章解释的另一个问题是企业的规模由哪些因素决定,科斯提出了在其他条件不变时,三个会使企业规模变大的条件：第一是当组织成本越低,且随着交易增多但成本上升越慢时,扩大规模会成为企业的目标；其二则是企业高管所犯下失误的可能性会因为交易量的扩增而降低时,企业也会选择继续扩张；第三是当生产要素供给价格会随企业规模的扩大而有下降越低或上升越少的趋势,企业同样会倾向于扩大规模。但实际上,企业在扩大规模的同时会增加组织的成本,随之带来的风险也会增加,企业内部各种各样的生产要素需要的调整与配置会因为内部交易量的增长而增长,从而,各种生产要素的调配方式也变得更为繁杂,经验与评判的失误率也随之增加,这也就会让新增入的资源使用效力逐步下降。也就是说,交易成本的节约会促使企业规模不断地扩大,直到在组织中产生的费用与在公开市场上进行相同交易的费用相等时停止,也就

---

[1] Coase R. The Nature of the Firm [J]. Economica, 1937, 4(6): 386-405.

是说收益递减问题和要素供给问题决定了企业不可能无限制地扩大,以至于完全替代市场的作用。

科斯在20世纪60年代所完成的经典文献《社会成本问题》更为清楚明了地定义了交易成本,并阐释了在经济交易中,权利的界定与权利的分配的关键地位①。研究的中心思想被归纳成知名的科斯定理,该定理重点说明了在"0"交易成本的前提下,不论产权开始是怎样被分配的,参加谈判的两方均能够有效运用市场机制,通过缔结合约,成功找到让每一方利益损失最小化的制度安排,帕累托最优状态能够被实现。也就是说,即使存在完全竞争市场,也只有在明确界定产权后,其作用才能得以发挥。但是在现实社会中,基本不会存在交易成本为零的状况,无论在任何领域进行任何活动,都不能避免产生交易成本。科斯的观点是,当交易成本为正时,如何对产权进行界定与安排会对资源的配置效率产生重要影响,与此同时,若当经济市场交易存有成本,不一样的产权体制将会产生不一样的成本,资源的有效配置效率自然也就不尽相同。而参与谈判的当事人会通过签订契约抉择出花费相对较少成本的制度安排,制度安排的选择是以它所能带来的生产价值的增加大于它运作所需要的成本而确定的,换句话说,权利应当归为能实现社会福利最大化的一方。

2.1.1.2　威廉姆森的交易成本理论

同样的,威廉姆森也是西方经济学交易成本理论的重要奠基人,为推进交易成本经济学的发展做出了巨大贡献。他在科斯的研究基础上拓展了对交易成本的分析,对交易成本产生的原因和交易成本的种类及内涵进行了比较深入的研究。在20世纪70年代初期,威廉姆森所发表的研究《生产的纵向一体化:市场失灵的考察》中,他通过对纵向一体化的解释,引出了企业和经济市场的边界②。威廉姆森主张交易中成本的产生关键是源于交易内外环境与人性因素互相作用下导致的经济市场的失灵状况。他还指出,市场失灵的重要因素包含了契约的不完备性、专用性投资,由于道德风险和外部性等所导致的战略误传风险、信息处理效应和制度适应问题。其中,提出由于资产具有专用性可能导致

---

① Coase R. The Problem of Social Cost[J]. Journal of Law and Economics,1960,3:1-44.
② Williamson O. The Vertical Integration of Production:Market Failure Considerations. [J]. American Economic Review,1971,61(2):112-123.

的效率损失与交易成本有关,是威廉姆森对于交易成本经济学的重要贡献之一,同时有限理性和机会主义也被他强调是出现交易成本的重要原因。

威廉姆森所提出的"交易成本"理论观点是基于契约的理论框架,他把任何一次的经济交易均当作所缔结的一次契约。而威廉姆森通过交易的内涵、经济交易的维度、交易的次数以及资产的本质、合约关系进行了多层次多方面的分析与考虑,并且通过成本分析的方式进行了整体性的细化,让其理论更为系统和规范。而威廉姆森根据其中的三个关键性特点对经济交易与政治贸易进行了探析与辩论:①不确定性;②交易所发生的总次数;③交易过程中专用的投资方式,就该三类维度而言,均会对经济行为构成一连串的影响。由于市场不确定性和信息不完全性问题的存在,签署契约的当事人无法在契约缔结之前看到以后将要发生的事情,因此,为了有效对对方的机会主义行动进行相应的防范,特别是要减少在缔约以后对方利用专用性投资对己方进行敲竹杠的可能性。因此,参与交易的当事人必定需要在签署契约之前认真严谨地考虑另一方的情况并据此规定双方的权利和义务,在这个过程中所支付的高额成本就是威廉姆森界定的"事前交易成本",这一概念涵盖了起草合同、谈判协商和制定保障契约条款所产生的成本。由于人们的有限理性问题,即使在签约前已经付出很多成本与努力,但也没有办法在一纸契约中将一切可能情况包括进去,这就给缔约后双方可能出现的争议和矛盾埋下了伏笔。在签署了契约书之后,交易当事人还需要通过各种各样的方式来维护契约,也可能出于各种原因对契约进行更新、更换,甚至解除,在这个过程产生的成本被威廉姆森定义为事后交易成本,缔约之后的交易成本中主要包含了契约因为未能适应最终所引出的成本、讨价还价的成本以及构建和运行成本和约束成本等等。交易成本的大小会受到交易发生次数的影响,和一次性的交易相比较而言,频繁的交易会因为体制结构的确定更容易补偿运行的成本,从而降低了双方的交易成本。

以交易成本为基础的经济组织决定理论是威廉姆森的另外一个杰出贡献,他提出,为了最小化交易成本,不一样的交易类型应匹配不一样的治理方式和治理结构。他逐渐把交易成本发展成为一个分析工具,深层次地探析了各种经济组织问题,使交易成本分析不仅可以用于处理企业与市场的关系,而且可以应用在各个领域,解决其余一系列的组织性的问题,让交易成本经济学在概念上、理论上和实证研究方面都实现了重要进展。

2.1.1.3 交易成本的类型

对于交易成本的概念而言,其中除了经济体制在运营过程中所花费的成本之外,还包含了创建、维系以及改善制度的基本框架的成本。交易成本通常被分为三种:其一为市场型交易成本,其二为管理型交易成本,其三为政治性交易成本。

市场型交易成本是第一种类型,科斯[①]认为:"为了进行市场交易,有必要去发现谁希望进行交易,有必要去告诉人们交易的愿望和方式,以及通过讨价还价的谈判缔结合约,督促合约条款的严格履行等等。"市场型交易成本主要涵盖了为了达成交易的信息和谈判的成本,这两种成本的都会给交易带来较大影响。新古典模型的零交易成本正是建立在完全信息的假设上,而这在现实情况中没办法实现的,市场的不确定性无处不在。对于任意一种产品,没有交易者可以瞬时地、自动地得知有谁同时具备欲望和能力在某种条件下对产品进行购买或者出售。所以要达成交易,首先要做的就是在市场中搜寻愿意与自己进行交易的人,而在此过程中,就会必然产生成本。这些搜寻和信息费用既有可能是直接的支出,比如发布广告,拜访潜在客户等,也有可能是为创造有组织形式的市场,如商业博览会、拍卖会、商品交易所等间接地产生的费用。当然还包括在制作经营方案时调查不同供给者以及竞争对手时所产生的成本,以及买卖双方进行沟通的费用。接下来要达成交易,就要对合约条款形成一致的认识,这就无法避免地产生讨价还价和决策成本,这是交易双方就契约条款协商和谈判必须支付的费用。因为买卖双方的立场往往不同,不同的交易都会在谈判中或多或少存在困难,相应地,就会产生为决策处理信息、聘请顾问以及团队内部达成共识的费用,等等。当合约被签署之后,则需要开始履行合同条款并监督其执行,无论是度量交易中有价值的属性,还是保护权利或者履行合同都会出现一系列费用。考虑到此过程中出现的高额成本,签约双方发生违背合同条款的情况就在所难免。

第二种类型是管理型交易成本,这种交易成本是在签约后的履行过程中所产生的。该种交易费用一方面包含创立、维系或者改革一个组织安排的成本,

---

① Coase R. The Problem of Social Cost[J]. Journal of Law and Economics,1960,3:1-44.

通常是为创立制度安排所做出的具体化投资,是典型的固定的交易成本,正如人力资源的安排、信息技术投入、公共关系管理等。管理型交易成本的另一方面主要是组织在运营中所花费的成本,比如信息费用,或者有形产品和服务在可分的技术界面之间转移有关的费用,例如企业内的运输成本。交易的次数和规模会对以上的两种成本产生影响,可见组织在运行过程中产生的成本往往是可变的交易成本。管理型交易成本在会计核算中的重要性在不断增加,因为这种成本对现代工业来说具有严重影响,制造业中间接成本是企业控制管理型交易费用的关键。

第三种类型是政治型交易成本,既然能够达成市场交易,那应当是在良好的政治环境下进行的,这就必定要有一个和经济市场秩序能够达成一致性的体制编排,与此同时,这也表明了存有一个特别的地方性、全国性以及全球性的正式社区组织。这种组织和跟其相关联的公共产品的供给都需要花费成本,这种为构建良好政治环境的成本就被称为政治型交易成本。该成本和管理型交易成本较为相似的是,包含了创立、维系以及变革一个制度安排中非正式和正式的政治组织成本和运行成本。

2.1.1.4 交易成本与制度成本

康芒斯[①]为"交易"创立了一个更为宽泛的范畴,他的观点是:交易是人和人之间最为基础的经济活动,若干次交易就组成了经济体制的实际运行,并同时受到制度框架的制约,这一观点给制度和交易两者之间的关系开辟了崭新的天地。在此基础上,肯尼斯·阿罗[②]认为,交易成本是经济制度的运行成本,也就意味着交易成本应该包括制度的确立或制定成本、制度的运转或实施成本、制度的监督或维护成本,如果考虑到制度创新或者变革,那么就要加上制度变革成本。尤其是在制度变迁的过程中,一方面要对各利益集团做出说明,进行游说和调节,另一方面要对旧制度的既得利益者进行维护并对利益受损方进行补偿,同时还要维护社会稳定,避免动荡,这些做法都要产生费用,这就构成了制度变革的成本。若要对产权体制进行有效的变更,那么产权安排的确定、维系和实行以及再次编排和调

---

① Commons J R. Legal Foundation of Capitalism [M]. University of Wisconsin Press,1957:759-761.
② Arrow K J,Scitovsky T. Readings in welfare economics[M]. 1969.

配的成本都应被考虑进去。我国学者张五常[①]也同意这个观点,他认为,交易成本可以被理解为制度成本,其中包括所有那些不可能存在于没有产权、没有交易、没有任何一种经济组织的鲁滨孙经济中的成本。所以,从该视角而论,交易的成本也可以等价于一个不小于当今制度成本的理念,而且交易成本至少应当包含了信息成本、谈判成本和界定产权、控制产权的成本。换言之,除了那些与物质生产过程和运输过程直接有关的成本以外,所有涉及的成本均为交易成本。如此,交易成本的概念就被逐渐扩大,变得"一般化",这是因为在现实世界中,根本无法把一种类型的交易成本和其他类型的交易成本区分开。

2.1.2 交易成本的理论模型

与其他经济学相比,当今的新制度经济学界更接近于实际,是由于它在一直以来坚持交易成本的存在,因为人们不是"知识完备"的,在进行经济活动时,获取信息的费用是高昂的,人们做出的决策总要受到有限理性和信息不完全的影响和约束,这些新条件定义的一般均衡模型显然使人们不可能像新古典理论所设想的在交易成本为零的情况下进行经济活动。

假设交易有两个交易主体,一个生产者和一个消费者,生产者提供马铃薯,消费者用货币交换马铃薯。在这项交易中,从交易的发起、签约、监督和履行均会不可避免地产生交易成本,在这里假定产生的交易成本也同样用马铃薯来度量。假设生产者计划向消费者出售 10 磅[②]马铃薯,但实际上消费者只能得到 9 磅的马铃薯,而其中损失掉的 1 磅马铃薯,也就是交易总量的一成,即为本次交易的交易成本。于是,这一交易活动的关系可以用以下的"交易函数"来表达:

$$Y_C = F(Y_P)$$

其中,下标 C 代表消费者愿意购买的马铃薯,P 用来表示生产者用来出售的马铃薯。交易函数曲线如图 2.1 所示。另外,距离 OA 的中文含义是"交易投入",衡量的概念是销售人员卖出马铃薯的总数目,而距离 AB 则表明的是"交易产出",诠释为消费人员购买到的产品的实际数目。根据方程式 $K=Y_P-Y_C$

---

① 张五常. 交易费用的范式[J]. 社会科学战线,1999(1):1-9.
② 1 磅=0.454 千克。

所表示的交易费用可以由 BD 看出。如图所示,在交易成本为正的情况下,交易曲线必然在45°线之下。交易曲线的斜率可以被看作是交易过程中的边际生产率,换句话说,它所表示的是每当生产者提供额外一单位的产品,消费者会得到相应的产品数量。根据下图我们能够看出,在实际的交易过程中,边际生产率跟交易规模的大小呈反比,而且其中的原因则是交易成本总是与交易的总数目呈正比例关系,由于马铃薯的交易规模随着时间的推移而扩张,生产者和消费者在搜寻可能的交易对方的信息时会越来越困难,同时也需要付出更多的努力和成本来监督交易过程,以防备机会主义行为。

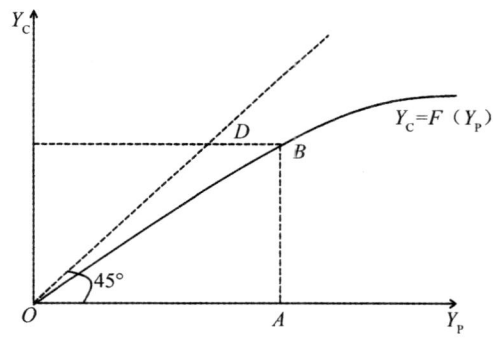

图 2.1 交易曲线

接下来可以进一步假设,此项交易活动是由一个特殊的交易型企业来承担的,即该商业实体以 P_P 的价格从生产者处购买产品,接着以 P_C 的价格向消费者销售,该种交易型的公司则能够被当作是在交易函数约束下最大化其利润:

$$\text{Max} R = P_C Y_C - P_P Y_P$$
$$\text{s.t.} \quad Y_C = F(Y_P)$$

于是,交易型企业的利润最大化的必要条件即变为

$$dY_C/dY_P = P_P/P_C$$

图 2.2 对以上的交易情况进行了描述,而且理想经济利润值的交易规划是处在等经济利润曲线函数 SS 与交易曲线函数的切点之处,依据假设的前提条件,交易曲线的导数(斜率 K)则必定处在 $0<K<1$ 的取值范围,从而使方程式:

$$dY_C/dY_P < 1$$

而且位于交易型企业的均衡: $P_P/P_C<1$ 或 $P_P<P_C$。

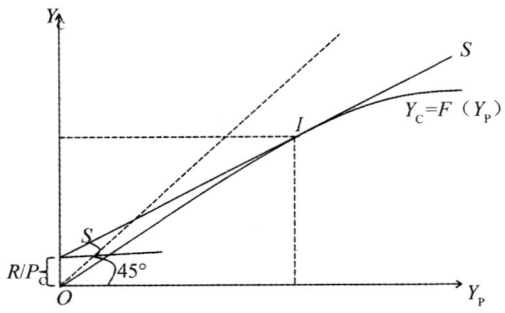

图 2.2 利润最大化交易计划

以上的方程式的含义是——消费者所购买产品一共支出的费用较总销售产品所得到的价值要多,这之间的差距就是交易成本。当然,以上的模型为了简化问题,一些情况并未考虑进去。比如,专业化的交易型企业从生产者那里购买产品同样会产生交易成本。

除了交易型企业,交易活动同样可以被整合到生产型企业中去,或者是消费者的家庭中。从量的角度来看,可以通过从企业实现的最大总产出(在给定的生产技术下)减去相应的交易费用来估计。于是,净产出曲线就处于总产出曲线以下。图 2.3 中,Y 代表马铃薯的产出,Z 代表种子的投入。生产者的传统最优化考虑现在就与净产出函数有关了。从图形可以看出,生产者如果只生产 OA 单位的产品是无法满足 OB 单位的销售数量的,也就是说,为了能够实现 OB 单位的马铃薯供应,生产者必须要生产出 OE 单位的产品。F^+ 曲线可以被看作是净产出曲线,即总产出曲线减去交易成本。当存在交易成本时,净产出曲线 F^+ 必然始终位于总产出曲线以下,净边际生产率也小于总边际生产率。

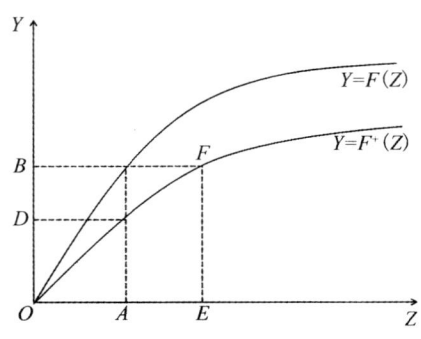

图 2.3 总产出曲线和净产出曲线

在特定的科学技术水准下,社会经济活动合作成功的概率越低,净产出曲线将低于总产出曲线,且差距越来越大。甚至在某些极端的情况下,交易成本过高,交易则不会发生,出现"市场失灵"现象。于是,人们会转而向组织安排求助,可能是私人企业也可能是政府,组织问题就变得非常重要。由此可见,当一国的制度政策出现问题时,哪怕技术水平再高,也难免会造成经济上无效率的局面。因此,要推动一个国家的经济发展,仅仅是注重生产技术的发展是远远不够的,组织技术的发展不容忽略。如果现行的制度、立法无法与当期的技术知识水平相匹配,即使不会直接带来成本,但也很有可能会抵消由于技术进步所带来的生产率的提高,这将和生产技术上没有产品研发和创新的结果是一样。换言之,改变经济停滞局面的思路不应局限在大力发展科学技术上,制定高效的、合理的体制政策能够为创立或者重新创立一种更加有效的市场经济降低交易成本,制度上的变革显得尤为重要。

2.2 不完全契约理论

虽然早在19世纪50年代西蒙就提出了第一个不完全契约的理论模型,然而真正开启了不完全契约理论正式探究的学者是格罗斯曼与哈特,另外,哈特和莫尔两人一起进创立不完全契约和产权理论,所以该理论也被称为"格罗斯曼-哈特-莫尔"理论,英语表示为GHM,或者GHM模型。GHM模型承继了科斯和威廉姆森等开创的交易成本理论,同时对其进行了批判性的发展。科斯定理的一个重要前提就是在完全竞争市场的环境下,市场的交易成本为零,也就是契约的完全,那么即使无论信息多么复杂,契约也能涵盖所有可能性,在这种情况下,企业的治理结构选择是无关紧要的。无论是国有企业、私有企业还是混合所有制企业均能实现帕累托最优。然而实际上,由于市场的不确定性、信息的不完全性和人们的有限理性,契约通常是不完全的,也会相应产生一系列激励与协调不完全的问题。从不完全契约角度分析混合所有制改革的必要性和路径,有利于为改革提供重要思路。

2.2.1 不完全契约理论背景

2.2.1.1 不完全契约的产生原因

在新古典的一般均衡交易模型中，一切的合同都是价格与数量的交易，并且这些交易都能够在井然有序、没有干扰的情况下顺利进行和完成。每一份合同都是市场供求关系的均衡点，任何合同都是完备的，均可以被严格地执行。一个完备的契约需要清晰地、详尽地列明在契约履行期间出现不可预测事件时，合同的各方在相对应情况下的权利、义务以及风险分担等情形，同时能够有效约束当事者的履约方式以确保合同目标的实现。在完全契约中，每个人都是完全理性的，能够预测未来可能发生的事件，并且有能力将两方都同意的解决方案写于契约中，与此同时，在合约生效后，全部当事人均需自愿遵循合约上的各项条款，当合约双方产生纠纷与矛盾时，其他第三方有条件对契约条款进行强制执行。然而，人们在经济活动中签订的契约往往是不完全的，也就是没有办法缔结一个十全十美的契约。

不完全契约的产生主要有以下几个原因：第一，完全理性决策理论是一种理想模式，人是有限理性。人的计算力、想象力和设计能力等是有限的，掌握的知识也无法面面俱到，因此签订契约的当事人不可能掌握全部信息，更不可能将所有备选方案列在契约之中。既然是有限理性，那么就无法做出最优决策，在现实生活中，决策者往往最终选择的是次优决策。在图 2.4 中，信息的完备程度用 X 来表示，Y 轴表示预期效果，最优决策下的预期成效用 Y 来表示，次优的预期成效用曲线函数 E 来表示。根据如下的图例所表明，依据有限理性，最优决策和次优决策之间必然存在差距，这种差距主要取决于信息的完备程度，而随着信息完备程度的提升，契约当事者掌控的信息资源随之增加，其做出的决策将越来越趋近于理想的最优决策效果。

第 2 章 混合所有制改革的相关理论基础

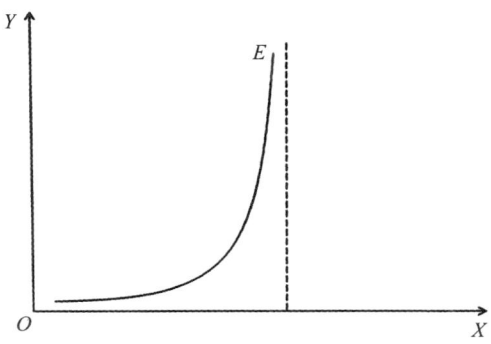

图 2.4 次优预期效果与最优预期效果

图 2.5 表示了社会实际效果与最优决策效果，X 轴代表次优预期效果，Y 轴表示实际效果，虚线代表最优决策下的预期效果。如图所示，当次优决策不断接近最优决策时，次优决策效果会随之增加，也就会使实际产生的社会效果逐渐趋近于最优决策预期效果，差距越来越小。所以，根据有限理论的模型，尽管决策者渴望理性，但也能接受有限理性的现实，在做出抉择时，一般也不执着于最优标准，真正实现的往往是"满意"标准。

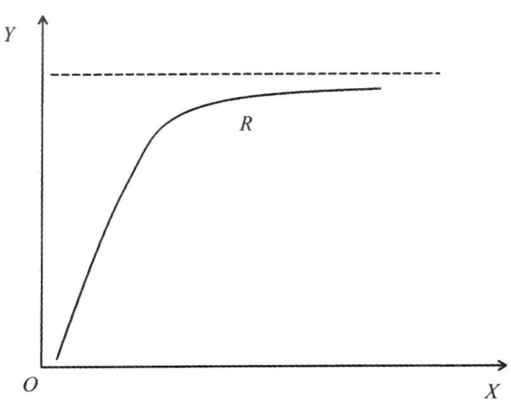

图 2.5 社会实际效果与最优决策效果

第二，契约不完全跟交易成本的存在也有密切关系。在交易成本为零的前提条件下的缔约过程中，收集信息、协商谈判以及契约签订后的监督和执行都是不产生费用的。决策人能够将所有意外情况都详尽地列入合约条款,并对每一种意外情况的解决措施也做出相应安排,因此就防止了一切事后纠纷。然而,这与实际情况是不相符的,在当时的经济社会活动中,契约的当事人是契约人,其参与的交易活动要依靠契约来完成,而任何契约的制订与执行都需要花费成本。由于有限理性和机会主义的存在,契约的当事人在交易过程中设计一份复杂的契约所需要的成本是非常昂贵的,因此也未曾有办法预见可能发生的各种情形,与此同时,有些事件在事前未能被充分考虑到,这会变成事后成本的一部分。如若出现关系重大的事件,甚至可能会导致契约的重新谈判和重新签署。虽然不能准确预测未来的可能性事件,但可以肯定的是当事人会预期到将来一定会出现某些没有设想到的偶发事件,但如果在最初的契约中增加相应条款,就会增加契约成本。既然无法实现完全契约,契约的当事人宁愿选择理性地漏掉一些可能意外事件也不愿浪费更多成本将大量具体的不太可能发生的事件包含在契约条款中。此外,契约的执行同样是会产生费用的,尤其是发生意外事件后,契约双方当事人出现纠纷时,需要第三者来裁决的契约会花费更高的成本。所以,能够表明交易成本的存在也是契约不完备的影响因素。

第三,契约不完全的另外一个因素是信息不对称。当今社会,人们对信息的获取渠道和掌握程度都是不同的。所谓信息不对称是指合同中的一方当事人掌握一部分对方所无法了解并验证的信息或知识。在契约的签订和履行过程中,掌握信息更充分、全面的一方当事人,总是处于较为优越的位置上。市场信号虽然在一定程度上可以弥补不对称的问题,但在市场经济活动中彻底解决信息不对称问题是不现实的。同时,交易成本的存在也和信息不对称有关,正因为这种客观情况,具有机会主义倾向的契约当事人会利用信息优势尽量逃避风险,将交易成本转移到其他当事人身上。

第四,语言运用的模糊性也会让契约变得无法完备。语言的意义可能会因为语境的不同而出现不同的解释,一个契约有时会因为语言表达模棱两可或者不清晰而导致条款内容出现歧义。语言往往只能对事件、实际情况等进行一般性的陈述和总结,但是不能够准确地进行描述与阐释,也就是说语言对所有复杂事件的表述都可能是模棱两可的。在整个契约书中,如果把未来可能的事件和有关条款所适用的语言环境都表述清楚,这就需要给实际的环境划定更多的边界,然而这将会产生更多的问题。由此可见,因为语言在使用中呈现出了模棱两可的问题,但如果为此而细化契约中的条款也可能会引起契约履行中的更多异议。

2.2.1.2 不完全契约理论的两个分支

不完全契约理论有两个重要分支:其中一支是交易成本经济学,主要代表人物是威廉姆森,该理论学派主张在契约不完全的情况下,通过比较不同的治理结构来挑选其中最能减少事前交易成本与事后交易成本的制度;另外一支是新产权学派,代表人物是哈特,他指出,核心问题是要建立一种有效机制以保护事前的投资激励。

交易成本经济学通过引入交易的不确定性、资产专用性和交易频率三个维度度量交易成本,用以区分不同性质的交易。第一个交易的维度是交易的不确定性,人们在经济活动中做出决策的结果可能有很多种,交易的结果就会出现很多可能性。交易的不确定性产生的影响和约束作用在不同的交易中是不尽相同的,所以,人们会以低交易成本作为挑选交易协调方式的重要标准。第二个交易的维度是资产专用性,资产专用性和沉没成本两者之间的概念密切相关,描述的情况是当一些资源被指定用于某种用途,就难以被再次用于他处。或者在该做其他用途时会导致价值降低甚至变得毫无价值。常见的资产专用性类型有以下几种:物质资本专用性、场地或区位专用性、人力资本专用性、特定资产专用性、品牌资产和时间专用性。如果交易中出现了专用性投资,那契约的连续性就会变得格外重要。若当定约双方中的任何一方当事人投入了专用性资产,一旦另一方因机会主义而停止对合同的履行,投资一方必定会因此遭受巨大损失。可见,资产专用性的程度直接影响到了契约双方的依赖程度,需要协调适应的问题也会产生相应变化。第三个维度是交易频率,虽然一切交易协作方式的确定与运行均会产生一定的成本,但是成本被利润补偿的情况和交易发生的次数有关。非重复交易中,为达成交易出现的费用不容易被抵消,但为建立和运行交易的费用在多次反复的交易中会有更大机会得到弥补,可见,交易的相对成本和交易的频率往往呈负相关。

产权理论是不完全契约理论的另一条分支。此理论的重要思想大致可以被这样简要归纳:假设买卖双方要交易一个产品,该产品的基本情况在投资生产前是无法预见的,因此,当事人仅仅能够签署一个不完全的合同。如果买方与卖方均为风险中立,不存在财富约束,且在零利率的条件下,卖方单方面对该商品进行了专有性投资,生产的结构是出现 n 种不同的产品,然而在每一种体态下单单有一个"特别"的交易品,而其余的 $n-1$ 个商品的成本根据特定的规则进行编排。若契约当事者无法许诺再谈判的可能性为零,那么在环境的复杂程度极高时,不论能否将以后情形进行事先的预测和描绘,买方的专用投资激励依然将趋于0。产权学派的观点是:只有有效平衡事前效率和事后灵活性的契约才是最完备的契约,但又鉴于契约的不完备性,主要的弥补办法是创设一种机制来维护事前投资激励,企业的剩余控制权和所有权被投资重要的一方掌握被认为是最理想的产权结构。

2.2.2 不完全契约的理论模型

2.2.2.1 交易成本经济学的不完全契约模型

威廉姆森为不完全契约建立了分析模型,在模型中,K 表示交易中资产专用性的程度。在资产通用性的环境中,$K=0$;在存在资产专用性的情况下,$K>0$。在后一种情形中,合同中的一方当事人进行了专用性投资,若整个交易一旦无法被继续执行,则投资方的利益必定受损严重。因此,为了降低给投资方带来的风险,契约当事人在进行专用性投资的同时会设计保障机制用以维护契约关系中专用性资产的价值。保障体制主要包含创建合同的赔偿准则、创设交易过程中的合同调节机制、编制交易过程中的限定性条款。而在模型内部,该种保障体制的强弱性用字母 S 来代替,若当 $S=0$ 时,其主要的含义是未曾在契约中创建保障体制;$S>0$ 表示在契约关系中建立了以上的保障机制。资产专用性 K、保障机制 S 再加上交易中的价格 P 就构成了交易中的契约关系模型。

如图2.6所示,当 $K=0$ 时,契约双方均未进行专有性投资,在理想的完全竞争市场下可以自由地选择其他的交易对象,而交易的两方均是自愿进行交易、互相独立的,同时未曾存在任何依赖关系。这种交易往往是一次性完成的,且无须创建任何保障性体制。当 $K>0,S=0$ 时,卖方在契约中进行了专用性投资,产生了专用性资产,却没有建立契约保障机制,一旦交易对方由于机会主义而终止契约,投资方将蒙受重大损失。所以卖方为了降低风险、维护资产价值,会选择把产品的价格定在较高的水平 P_0 上,这无疑会增加买方的成本。当 $K>0$ 且 $S>0$ 时,契约中出现了专用性资产,同时也建立了保障机制,能够有效地协调契约中的纠纷,也会相应地降低交易价格:$P_0>P_2$。这个不完全契约模型揭示了交易中的技术选择和经济组织和市场价格三者之间相互作用、相互联系的关系。

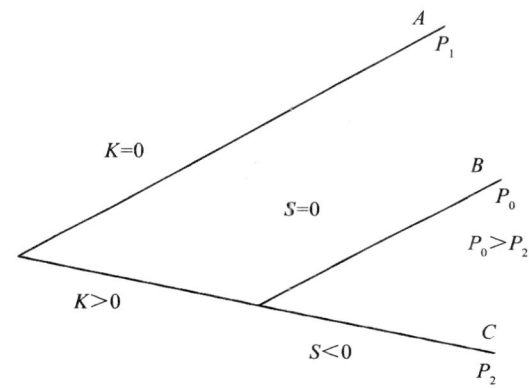

图 2.6 多种契约选择计划

根据多种契约选择计划图,可以得出威廉姆森的基本命题,而参与交易的当事人均要依据这三个维度来区别不一样性质的各种交易,而且对于不一样性质的交易契约需要构建出不一样的治理结构,并且对各种治理结构下产生的交易费用进行比较,最后,挑选出耗费最少交易费用的交易协调机制。

2.2.2.2 产权理论的不完全契约模型

产权理论的不完全契约理论模型可以做如下描述:假设存在两个风险中性的交易双方($e=1,2$),为长期合作签订一份合同,根据不同交易性质中的不同当事人关系,合同的形式也会多种多样,可能是买卖合同、投资合同或者是雇佣合同等等。在最初签订合同的 T_0 期,以后的状态 s 是未知的,存在不确定性,比如雇主不知道雇员付出劳动的成本,而雇员也不清楚雇主对自己劳动所评估的价值。所以,他们在最初期(T_0 期)没有办法签署一份能够确立事后行动与经济获利的完备合同。同时,为了实现与提高交易的最终收益,签约双方可能需要分别做出一项专用性投资 i_e(通常假设发生在 T_1/T_2 期),但由于对于此项投资的描述过于复杂和成本过高，该项投资未被写入最初的合约。在自然状态实现之后（T_1 期），不确定性消失。此时此刻，为保障合约各方的收益，他们可能需要做出某项决策或者采取某项无成本的行动（d）。这种决策或者行动可以是明确交易产品的品质和规格、规定雇员的具体职责，或是企业的资产分配和发展战略的确定等。在合约履行的最后阶段（T_2 期），交易双方的收益得到实现。不同理论模型的差异主要来自交易双方关于事前专有性投资 i 和事后决策或行动 d 的缔约能力不同假设。

GHM 契约的理论模型囊括以上全部的因素，在 T_0 时期中，根据产权的交易明确了事后决策控制权的归属，在这一时期的契约属于一个空合同，因为除了划分控制权以外并没有对其他事项做出说明；然后契约当事人需要分别决定其投资水平；在 T_1 时期的状态达到目标之后，两方都可以在没有成本的前提条件下依据具体的状况再一次进行谈判和协商，从而实现一种有效力的事后决策，也就是 $d^* \equiv d^*(s)$；最后，若合同能够被顺利履行，双方交易中的买方价值为 $v(i_1, d^*)$，而双方中的卖方的成本是 $c(i_2, d^*)$，分别是各自的事前关系专有性投资 i_e 和事后决策 d^* 的函数。契约当事人事前投资的函数和事后在谈判中讨价还价的能力共同决定了他们最后获得的收益。根据纳什谈判解，谈判双方的地位和目的达成效果由他们的谈判力和威胁点（不交易时的收益）决定。为了使情况得到简化，GHM 模型假设契约当事人具备一样的谈判能力，而谈判中的威胁点则取决于资产所有权的分配——$v(i_1, A_1)$ 和 $c(i_2, A_2)$，交易双方各自的资产拥有量用 A_1 和 A_2 来表示，因为拥有资产的一方总可以以不交易来威胁对方，而交易双方经过重新谈判获得的收益取决于双方的事先关系专用性投资激励水平。买方获得的事后收益为 r_1，卖方获得的事后收益为 r_2。

$$r_1 = v(i_1, A_1) + \frac{1}{2}[v(i_1, d^*) - c(i_2, d^*) - v(i_1, A_1) + c(i_2, A_2)] - i_1$$

$$r_2 = -c(i_2, A_2) + \frac{1}{2}[v(i_1, d^*) - c(i_2, d^*) - v(i_1, A_1) + c(i_2, A_2)] - i_2$$

以上两式的一阶最优条件给出了在非一体化情况下的双方的最优事前关系专用性投资水平。通过比较上述非一体化情形下的一阶最优条件与最佳情形下的一阶最优条件 $v'_1(i_1, d^*) = 1$ 和 $-c'_2(i_2, A_2) = 1$，可以看出，在非一体化情形下，缔约方的事前关系专用性投资激励是相对不足的。

依据 GHM 模型能够得到的所有权结构主要包含以下几种情况：在有唯一

投资方的情况下,让投资方掌握所有资产是最佳的产权配置;在交易双方投入了同样重要的资产时,让其拥有各自资产的安排就是合理的;在其中一方投入的资产价值更大时,那么由这一方一体化另外一方就是更有效率的组织形式;若两项投资是严格互补的,这些资产就应当被同时控制;若投入的两项资产是独立的、互不依赖的,则这些资产可以被不同所有者掌握等。

格罗斯曼-哈特-莫尔的不完全契约模型凭借其较强的解释能力和广泛应用,被认为是不完全契约与产权理论的企业理论模型的标准范式。GHM除了承袭了交易成本的理论之外,同时也对其进行了批判和发展。交易成本理论未能回答市场合约不能解决激励问题的原因,也没有强调纵向一体化的成本问题,因此对于企业的本质和边界不能更清楚地交代。GHM模型的主要贡献是:区分了剩余收入权和剩余控制权;为交易成本理论提供了一个正式而规范的分析模型;指明了兼并也存在成本,以至于让企业边界的界限更加明了;为规范化分析所有权结构提供了有效工具。

但GHM也存在缺陷,正如哈特和莫尔[1](2008)所总结的:第一,该模型过分地强调了事前投资在企业一体化的作用;第二,此模型有一个关于事后效率的假设,即无成本再谈判,但一方面现实情况中存在权威、授权、科层等问题,另一方面,在规模较大的组织中所有权和经营权是相分离的,这些实际情况都和模型的理想假设不符。所以,这个模型也未能为不完全契约的假设给出一个稳健的基础。

2.3 委托代理理论

2.3.1 委托代理理论背景

企业的委托代理关系起源于企业的所有权与控制权的分离。伯利和米恩

---

[1] Hart O,Moore J. Contracts as Reference Points[J]. Quarterly Journal of Economics,2008,123(1):1-48.

斯(1932)通过研究指出,大型现代公司中出现了一种普遍现象,即所有权与控制权的分离,股东和经营者形成委托代理关系且两者存在利益冲突[1]。大约在1970年以后,越来越多的学者开始深层次地探究企业内部信息不对称问题与激励问题。进一步发展出委托代理理论和理论模型。他们的主要观点是:随着专业化分工的进一步细化和发展,规模化大生产越来越多,权利的所有者逐渐由于精力有限或者掌握的知识与技能有限而无法履行其原本的权责。但与此同时,也涌现了一些掌握专门知识与科学技能的代理人可以代为行使所有者原有的权利。詹森和梅克林(1976)将这种由于所有权与控制权分离出现的所有者和控制者的关系定义为委托代理关系,并将其定义为一种合约中某个人或一些人聘请其他人代表自己行使某些权利[2]。而在委托代理的关系中,因为委托人员最终的目标是达到企业经济利润的最大化,但代理人主要追求货币收益、权力、声望或职业发展等个人利益,即两者有着不一致的效用函数,必然产生利益冲突。当两者利益出现矛盾时,代理人很可能会牺牲股东利益为自己牟利,比如为提高个人收入而偏重短期业绩,不顾企业长期经营风险,这些做法会使委托人蒙受损失。只有代理人也以委托人的收益增加为自己的个人目标时,组织才能够实现利益最大化,但问题是在组织内部,信息不对称是很常见的,委托人不能够直接监督代理人的行为,只能通过观察一些其他的变量来推测代理人的活动,于是就有可能出现所谓的"隐藏行动"。在委托代理的关系中,代理人行使经营和管理权责,掌握企业运营状态的第一手信息,而委托人对其代理人在履行职责中付出的努力程度和其行动是否确实有助于组织盈利却很难知晓,极易出现机会主义行为。所以委托人的主要任务就是要通过使用可观测的变量对代理人进行监督或激励来达到实现企业利益的目的,委托代理理论就是通过数学模型研究在信息不对称和利益冲突情况下,委托人如何设计有效的契约对代理人进行激励,使委托代理双方通过相互博弈达到一种均衡状态。

根据委托代理理论,有效的制度设计应该重点考虑激励与协调问题。第一,激励方面,主要指通过合同的确立,保证委托人的利益最大化。如果股东能够掌

---

[1] Berle A A, Means G G C. The modern corporation and private property[M]. Transaction publishers, 1991.
[2] Jensen M, Mecking W. The Theory of Firm, Managerial Behavior, Agency Cost and Ownership Structure[J]. Journal of Financial Economics, 1976, 3(4):305-360.

握经理管理活动的全部信息,他们就能够设计出有效的契约来规定和监督每种每时每刻企业应采取的管理活动。但实际上股东很难知道经理即将采取的具体做法,所以在企业所有权和控制权相分离和信息不对称的情况下,通常认为向代理人赋予一定的剩余所有权可以起到重要的激励作用,比如以业绩为基础的奖金和工资调整,或者让代理人的财富随着企业价值的变动而变动,即让具有资产专用性的人力资源持有一部分公司股份。同时,非货币报酬也能在一定程度上提供激励作用,权力、地位和荣誉等非货币奖励也是能影响经理人的重要激励源,当这些奖励与企业的声望和地位直接关联时,就自然会促使经理站在股东利益的一边进行决策。外部力量的激励作用也不容忽视,产品市场上的竞争让经营不善的企业没有生存空间,从而约束经理人员;管理人才市场的竞争会让经理人员有随时被替代的危机意识;公司控制权市场上的竞争,会让经理警惕收购兼并后可能的降职甚至失业,从而敬业工作为公司谋得利益。第二,协调方面,应当对利益相关者进行科学分类,对其不同的利益诉求都做到足够的重视并尽量满足。因为每一类利益相关者在组织发展中的参与程度不同,贡献度也不尽相同,所以他们的利益诉求也存在差异,甚至有时候会因为利益分配问题而出现矛盾。在企业经营出现困难或者经历变革时期,这种利益冲突会呈现出更加激烈的状态,若企业不能及时有效地平衡各相关利益者之间的利益,调和他们之间的矛盾,这个状况就会进一步恶化。利益相关者公司治理的协调原理强调的是要注重所有利益相关者之间的利益调和,而不是过分关注某个主体的利益诉求。这就需要在公司治理安排中,既做到实现股东利益,同时又做好股东大会、董事会和经理层之间的制衡工作,在其利益诉求出现冲突的时候及时进行调节。

2.3.2 委托代理理论模型

委托代理理论是建立在非对称信息博弈论的基础上的,由于信息不对称问题的存在,代理人往往比委托人掌握更多信息,就会出现道德风险和逆向选择的情况。委托代理方法明确地将激励问题融入经济分析中,为我们提供了一个自然的分析框架。信息不对称问题是客观存在的,意味着收集信息需要耗费资源、付出成本。事先在契约中设计好的激励安排能够让非对称信息下的利益分配和风险配置更为合理,个人行为更加有效率。虽然无法避免因信息不对称导致的福利损失,但即使无法实现对称信息中的最优效果,也能让以个人利益为出发点的代理人兼顾委托人的利益诉求,尽量减少代理成本。

以下的例子呈现了存在隐藏行为时结果确定与结果不确定的道德风险模型。假设企业的股东与经理达成了契约关系,股东将原有的管理权责交付给经理,由此,经理(代理人)从股东(委托人)手里接过企业的控制权。代理人为企业付出的努力程度和做出的贡献 e 将对企业利润 Q 的实现起到决定性作用,即 $Q(e)$。在结果确定的情形下,$Q(e)$ 的关系是已知的。比如,企业收益和代理人的努力程度呈同比例增长:

$$Q = e \tag{2.1}$$

其中,Q 与 e 的货币单位均为美元。

由于信息不对称问题的存在,委托人不能够对代理人的实际活动和努力水平进行观测和度量。但无论如何,代理人的努力至少可以产生一定的、能够被量化的利润水平,于是,委托人便能够从企业已经实现的收益 Q 来推断出代理人的活动。如果假设代理人为企业做出贡献的主观成本为 c,并且用货币方式量化:

$$c = \frac{k}{2}e^2 \tag{2.2}$$

在等式(2.2)中,字母 k 所表示的是努力的边际成本增长率,且 $k>0$。用字母 w 来代表委托人支付给代理人的薪酬或者其他激励安排。经理的薪资水平和其的努力成本之间的差别为 $A=w-c(e)$,即代理人用货币形式表示的效用水平。根据等式(2.2),可得代理人的效用函数为

$$A = w - \frac{k}{2}e^2 \tag{2.3}$$

如果进一步假定委托人向代理人支付一个线性的激励安排:

$$w = r + \alpha Q \tag{2.4}$$

其中,r 代表固定报酬;α 代表利润份额,$0 \leqslant \alpha \leqslant 1$。

代理人的决策问题为

$$\max A = r + \alpha Q - \frac{k}{2}e^2 \tag{2.5}$$

使 Q 满足 e,一阶条件是

$$\alpha - ke = 0$$

或

$$e = \frac{\alpha}{k} \quad (2.6)$$

等式(2.6)是代理人对委托人的激励安排 $w=r+\alpha Q$ 的反应函数。此例中,对于代理人的效用最大化而言,一阶条件也是充分的。

另外,假设代理人能够自主选择是否接受委托人的激励安排。当委托人的激励安排大于或等于代理人的保留效用 $\overline{A}$,他会选择同意这样的安排,保留效用由他选择的机会成本决定。这就是参与约束。根据以上等式可以得出参与约束为

$$r + \alpha e - \frac{k}{2}e^2 \geqslant \overline{A} \quad (2.7)$$

委托人的净利润构成其目标函数:

$$Q^n = Q - w$$

或

$$Q^n = (1-\alpha)e - r \quad (2.8)$$

$$\text{s.t.} \quad e = \frac{\alpha}{k}$$

$$r + \alpha Q - \frac{k}{2}e^2 \geqslant A$$

委托人在代理人的激励和参与约束下,使自己的净利润实现最大化。进一步地,委托人为了实现利润最大化,会选择支付最少的报酬来获取代理人的服务。等式(2.7)可变为

$$r + \alpha e - \frac{k}{2}e^2 = \overline{A}$$

如果代理人的保留效用为零,则

$$r = \frac{k}{2}e^2 - \alpha e \quad (2.9)$$

此时,委托人的决策问题变为

$$\max Q^n = (1-\alpha)e - r$$

$$\text{s.t.} \quad e = \frac{\alpha}{k}$$

$$r = \frac{k}{2}e^2 - \alpha e$$

将激励约束和参与约束代入委托人的目标函数,可以得到委托人的决策问题:

$$\max Q'' = \frac{\alpha}{k} - \frac{\alpha^2}{2k}$$

一阶条件是

$$\frac{1}{k} = \frac{\alpha}{k} \tag{2.10}$$

或

$$\alpha^* = 1$$

以上情况由代理人获得公司全部利润,换句话说他成了公司利润的剩余索取者。把等式(2.6)和等式(2.7)代入到等式(2.9)中,同时令 $\alpha=1$,得到

$$r^* = -\frac{1}{2k} \tag{2.11}$$

这个公式的含义是代理人必须向委托人支付一笔费用$-r^*$,这笔费用也可以被称为特许权,这就出现了"特许权合约"。如果将企业出租给代理人以获取特许权$-r^*$,同时允许代理人获得企业的100%利润,或是让代理人获得企业的所有权以确保他付出最大的努力 e^*,实现最大化利润 Q^*。这时代理人的最佳努力程度为

$$e^* = \frac{1}{k} \tag{2.12}$$

根据等式(2.1)得到最大化利润为

$$Q^* = \frac{1}{k} \tag{2.13}$$

代理人将获得最优工资:

$$w^* = r^* + \alpha^* Q^* = \frac{1}{2k} \tag{2.14}$$

这个费用和代理人的保留价格相等,当代理人的保留效用 $\overline{A}$ 为零时,对于其努力成本的补偿为

$$w^* = \overline{A} + c(e^*) = \frac{1}{2k} \tag{2.15}$$

这里 $c(e^*) = \frac{1}{2k}$。依据最优化的补偿水平 w^*,结合等式(2.13),代理人实际得到最大利润 Q^* 的 $\frac{1}{2}$,剩下的 $\frac{1}{2}$ 由委托人获得。

在结果确定的情形中,委托人可以根据企业利润与代理人努力程度的比例关系推断出代理人的贡献,代理人的保留效用 $\overline{A}$ 和努力程度函数 $c(e)$ 都是给定

的,代理人的保留价格为 $\overline{w} = \overline{A} + c(e)$。而委托人的最优问题可简化为
$$\max Q^n = e - \overline{A} - c(e)$$
或在此例中具体为
$$\max Q^n = e - \frac{k}{2}e^2 \qquad (2.16)$$
由此得出结论,这里的激励约束没有产生任何影响,一阶条件仍为最优努力程度:
$$e^* = \frac{1}{k}$$
最大利润也保持不变:
$$Q^* = \frac{1}{k}$$
所以,委托人可以将最大化利润 Q^* 作为目标,当代理人实现这个利润,他就会向其支付保留价格:
$$w^* = \overline{A} + c(e^*) = \frac{1}{2k} \qquad (2.17)$$
若代理人未能实现委托人的目标利润,委托人向代理人收取违约罚款用以弥补自己的损失。当然,这里的重要假设是委托人能够控制代理人,且代理人必须接受委托方设定的价格。

这个模型说明了委托人虽然不能直接观测和度量代理人的努力程度,却可以通过利润的实现程度对以上信息加以推测,在这种情况下,委托人不会因信息不对称而利益受损。

接下来考虑更为现实的情况,也就是结果不确定的情形。根据委托代理理论,代理人的努力程度 e 不是企业利润 Q 的唯一决定性因素,同时受到某些外生因素 $\tilde{\theta}$ 的影响,并且这些因素的发生概率和具体影响是委托人与代理人不能预测和左右的。也就是说,代理人通过决定自己的努力水平 e 为随机变量 $\tilde{\theta}$ 也选定了一个特定值,得到总利润函数的假设:
$$\tilde{Q} = e + \tilde{\theta} \qquad (2.18)$$
在这个例子中假定随机变量 $\tilde{\theta}$ 符合正态分布,其中,中值为零,方差为 δ^2。虽然委托人无法掌握代理人的努力程度 e,也不能预测和控制外生因素 $\tilde{\theta}$,但双方都能够获得的信息是企业实现的利润 $\tilde{Q}$。所以,委托人可以向代理人提供一个激励安排:

$$w = r + \alpha Q, 0 \leqslant \alpha \leqslant 1 \qquad (2.19)$$

鉴于利润 $\widetilde{Q}$ 是未知的,其各自的效用水平也同样未知,所以考虑双方对待风险的态度就显得尤为重要。第一种假设情况是:如果两者都是风险中性,不受不确定性的影响,自然会简化双方在不确定条件下的决策过程:委托人最大化其不确定的净利润的期望价值,代理人使其不确定的效用的期望价值最大化。这就和刚才的结论相同,一切风险由代理人承担。但是风险中性的假设是非常特殊且在现实中极少出现的。第二种假设情况是:委托人依然是风险中立者,代理人是风险厌恶者。这种假设基于的现实是:公司的代理人,比如职业经理人,无法像委托人那样将自己的资产分散投资,他将自己最主要的资产,即人力资本全部投入到了公司。基于这种差别,可以将委托人看作是大量同质股东的集合体,每个股东拥有少量股份,这些股东可以实现投资的多元化。这时的代理人需要被匹配一个风险厌恶型的效用函数。在模型中可以采用期望效用函数理论,也叫冯·纽曼-摩根斯坦效用函数。为了简化问题,可以假定风险厌恶型的期望效用函数为

$$u(\widetilde{A}) = -\exp(-a\widetilde{A}), a > 0 \qquad (2.20)$$

代理人的不确定程度 $\widetilde{A}$ 的期望效用函数可以用相应的确定性等价来表示:

$$C(\widetilde{A}) = E(\widetilde{A}) - R, R > 0 \qquad (2.21)$$

等式(2.21)中的 R 即为风险贴水,是代理人为了规避风险而支付的货币量。根据等式(2.20)和一个正态分布的随机变量 $\tilde{\theta}$,能够得出:

$$R = \frac{a}{2}\alpha^2\delta^2, a > 0 \qquad (2.22)$$

然后,将等式(2.4)和等式(2.18)代入到等式(2.3)中:

$$\widetilde{A} = r + \alpha e + \alpha\tilde{\theta} - \frac{k}{2}e^2 \qquad (2.23)$$

将等式(2.22)和等式(2.23)代入到等式(2.21)中:

$$C(\widetilde{A}) = r + \alpha e - \frac{k}{2}e^2 - \frac{a}{2}\alpha^2\delta^2 \qquad (2.24)$$

为了得到一个评价基准,可以先确定一个最优解,假定信息是对称的,也就是委托人可以直接观测到代理人所付出的努力,不确定情况下的结果是已知的。若进一步假设努力程度也是可以通过谈判确定的,代理人的决策问题将变成:

$$\max E(\widetilde{Q}^n) = (1-\alpha)e - r \qquad (2.25)$$

$$\text{s.t.} \quad C(\widetilde{A}) = r + \alpha e - \frac{k}{2}e^2 - \frac{a}{2}\alpha^2\delta^2 \geqslant \overline{C}$$

第2章 混合所有制改革的相关理论基础

在代理人的参与约束下,委托人能够无成本地获知代理人的努力程度 e,使其净利润的期望值最大化,和之前情况相同,参与约束发挥作用,于是在 $\overline{C}=0$ 时得到:

$$r = -\alpha e + \frac{k}{2}e^2 + \frac{a}{2}\alpha^2\delta^2 \tag{2.23}$$

因此,委托人简化后的决策问题变成:

$$\max E(\widetilde{Q}^n) = e - \frac{k}{2}e^2 - \frac{a}{2}\alpha^2\delta^2 \tag{2.27}$$

由于期望净利润随着利润份额 α 的降低而降低,$0 \leqslant \alpha \leqslant 1$,同时,那么最优化的利润份额将是 $\alpha^*=0$,求 $E(\widetilde{Q}^n)$ 关于 e 的最大值得到最优化的充要条件: $e^* = \frac{1}{k}$,所以 $r^* = \frac{1}{2k}$,那么在结果不确定但信息对称情况下的最优解为

$$w^* = \frac{1}{2k}, e^* = \frac{1}{k} \tag{2.28}$$

在这种情况下,风险厌恶型的代理人可以获得固定的工资报酬,而一切风险将由风险中性的委托人承担。

现在,要考虑的情况是结果不确定并且信息不对称的委托代理模型。在这个假设条件下,委托人无法观测代理人的努力程度,但他可知的是代理人的效用函数,借此来间接控制代理人的行动。在此情况下,最优合约 (w^*, e^*) 不再可行。根据参与约束,如果代理人获得的报酬不变,即 $\alpha=0, r=\overline{r}$,他将停止努力,即 $e=0$。所以,想要让代理人付出正的努力水平,即 $e>0$,使 $\alpha>0$ 是必要的。这时得到的结果是次优的。为了决定提供代理人利润份额的最佳值,委托人必须考虑代理人的决策问题。可用以下公式表示:

$$\max C(\widetilde{A}) = r + \alpha e - \frac{k}{2}e^2 - \frac{a}{2}\alpha^2\delta^2 \tag{2.29}$$

由一阶条件可得: $e = \frac{\alpha}{k}$。

结合等式(2.24)并让 $\overline{C}=0$,可以得到在结果不确定同时存在信息不对称问题情况下的委托人的决策问题:

$$\max E(\widetilde{Q}^n) = (1-\alpha)e - r \tag{2.30}$$

$$\text{s.t.} \quad e = \frac{\alpha}{k} (\text{激励约束})$$

$$r + \alpha e - \frac{k}{2}e^2 - \frac{a}{2}\alpha^2\delta^2 \geqslant 0 (参与约束)$$

将 e 和 r 代入激励约束简化委托人的决策问题为

$$\max E(\widetilde{Q}^n) = \frac{a}{k} - \frac{\alpha^2}{2k} - \frac{a}{2}\alpha^2\delta^2 \qquad (2.31)$$

由上式一阶条件可知最优利润份额为

$$\alpha^{**} = \frac{1}{1 + ka\delta^2} < 1 \qquad (2.32)$$

其中 $ka\delta^2 > 0$ 是 $E(\widetilde{Q}^n)$ 最大化的充分条件。最优利润份额 $\alpha^{**} < 1$ 代表风险厌恶型的代理人无须承担全部风险,由此,"分成合约"出现了。在此情形下代理人的最优努力水平是

$$e^{**} = \frac{1}{k(1 + ka\delta^2)} < \frac{1}{k} \qquad (2.33)$$

目前的代理人的努力水平低于之前结果确定的情况,最优的一揽子费用为

$$r^{**} = \frac{ka\delta^2 - 1}{2k(1 + ka\delta^2)^2} > \frac{1}{2k} \qquad (2.34)$$

当代理人的风险规避程度 a 和随机的外生因素 $\widetilde{\theta}$ 的方差足够高:$a\delta^2 > \frac{1}{k}$,代理人只有在收到委托人支付的固定费用 r^{**} 时才会签订这份合同。在这个情况中,委托人与代理人共担风险,在 k 已知时,最优利润份额 α^{**} 和风险厌恶程度 a 呈反方向变动,最优的一揽子费用则先上升后下降最终降至为零(见图2.7)。

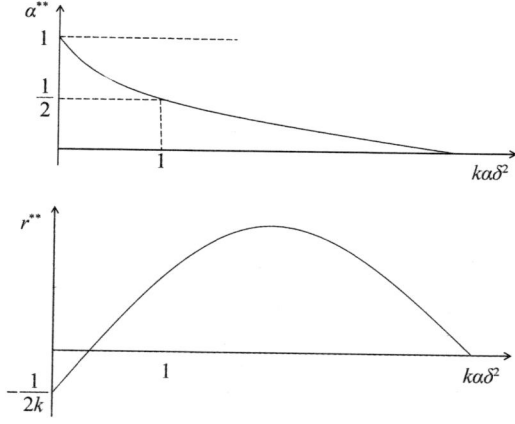

图 2.7 道德风险:最优利润份额和一揽子费用

第2章 混合所有制改革的相关理论基础

最后,在此模型中委托人最大的期望净利润为

$$E(\widetilde{Q}^n)^{**} = 2k^{-1}(1+k\alpha\delta^2)^{-1}$$

由于$(1+k\alpha\delta^2)<1$,所以结果只能是次优的,委托人的福利损失 WL 为

$$WL = E(\widetilde{Q}^n)^* - E(\widetilde{Q})^{**} = \frac{\alpha\delta^2}{2(1+k\alpha\delta^2)}$$

作为代理成本的一部分,福利损失是由于代理人的行动不可观测性和厌恶风险引起的。如果企业的股东只有一个,那么委托人选择亲自取代代理人的工作来防止出现福利损失,但实际情况并非如此,企业有着众多股东,且职业经理人作为代理人更能胜任企业的经营管理,所以即使需要承担福利损失,委托人也宁愿选择由代理人代为执行自己原来的权责。

信息不对称分为事前信息不对称和事后信息不对称,事前信息不对称会出现隐藏行动问题,即道德风险,事后信息不对称会导致隐藏特征问题的出现,即逆向选择。这两者的一个重要区别是在道德风险问题中委托人无法观测代理人的努力水平,而在逆向选择问题中委托人无法得知代理人的决定。当委托人提供一份合约时,不同特征的代理人对此合约的态度不尽相同,有些人会同意,有些人可能会反对,这就涉及对接受合约代理人的类型的选择。逆向选择的例子可以通过如下的步骤来解释:自然(N)率先行动并选择了代理人的成本函数——存在高成本和低成本两种情况,这个信息是委托人无法得知,只有代理人自己清楚的。接下来由委托人(P)为代理人(A)设立一份合同,面对这份合同代理人做出同意抑或反对的决定(见图 2.8)。

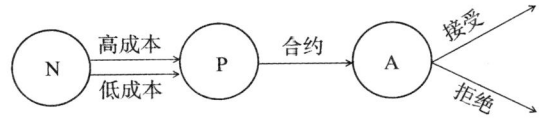

图 2.8 逆向选择:行动序列

如果契约签订之前和之后都为信息对称的情况,有较低主观努力成本的代理人会获得较高报酬,同时他会投入更多的努力,不同代理人获得的报酬与他们努力的总成本一致,委托人只需要为每一个代理人设定一个目标产量即可

得到最优结果。但实际情况是,由于事前信息不对称,委托人根本无法得知代理人的真实成本类型。在这种情况下,低成本的代理人可能会选择假装高成本的代理人付出相对较少的努力而获取较高的报酬。也就是说,在隐藏特征的情形中,这个报酬安排会使代理人瞒报其类型,这样的安排是激励不相容的。由事前信息不对称导致的福利损失可以被看作是不诚实的成本,尤其在欠发达地区,交易中的信用缺失是一个严重的问题。

2.4 博弈论

2.4.1 博弈论理论背景

博弈论是经济学的标准分析工具之一,用于描述和分析各个参与者做出决策的情形,参与各方的互动式分析的核心,每一方在决策时都考虑到其他各方的行为。博弈分为非合作博弈与合作博弈,而两者的区分在于互相发生作用的当事者能否达成一个具备束缚力的合约,若能够实现,就是合作博弈,若不能够实现,则是非合作博弈。由于合作博弈论较非合作博弈论更为复杂,因此在多数情况下,讨论的博弈论是非合作博弈。非合作博弈主要由以五个板块构成,依次是①参加人员;②行为/策略;③支付;④信息结构;⑤规则。而博弈论中的另外一个关键的术语是纳什均衡,同样也能够称之为非合作博弈均衡,这也是一种策略组合,让其在同一时间中所有参与者的策略是对其他人策略的最优反应。

参与者包括了任何可以做出决策的人,比如政府、企业、老板、员工等,关键是在分析过程中要准确定位参与者的地位,更不能遗漏重要的参与者,有时出于方便的考虑也会引入一个假想的参与者。在非合作博弈中,参与者的选择空间用行动或策略来表示。当必须做出一个决策时,一个行动就是参与者可能做出的一项选择,一个策略规定了一个参与者在可观测的博弈各阶段的行动。任何策略都存在成本与利益,这可以被定义为支付。支付的重要特征是,任一参与者的支付都不取决于自身的选择,而是取决于其他参与者的决策。博弈论是关于多人决策的理论,在这种决策情形中,任何一个决策者的选择不仅影响到自身的福利,也会影响到其他参与方的福利。博弈中可预见的结果被称为均衡,一个均衡的策略必须满足几个条件,其中一个普遍且简单的条件是纳什准则,即一个参与者的决定不能伤害其自身的利益,这就保证了行为的一致性。信息结构描述了决策节点的集合是如何划分的,对策论的详细描述也依赖于信息结构,所以信息结构的变化对博弈的均衡有着至关重要的影响。博弈论中的规则是引导和决定人们在均衡中做决策的关键要领。制度框架不仅规定了决策的顺序,同时也限定了选择空间,规则或者契约都能够影响成本收益结果。博弈论是适应社会科学的需要而发展起来的,用于系统地分析多方参与的情形,它的重要假设就是参与者具有自利的目的并同时预测其他参与者的行为,这为分析、预测和管理社会情形提供了重要的工具,也同样是分析混合所有制改革的有效工具。

2.4.2 制度变迁的博弈分析

博弈是参与人从各自的动机出发相互作用的状态,将博弈过程与经济过程相比较,著名经济学家诺斯认为,制度是博弈的规则,其中既有正式规则,也有非正式规则。诺斯的观点可以归纳如下:所谓制度的均衡是在一定的前提条件下的,当前的制度安排无论怎样变化都不会让任何个人或者团队获得额外的收益[①]。制度的均衡包括制度安排的均衡和制度结构的均衡。制度安排的均衡描述的是一种如下的状态:某个特定制度的供给与需求充分匹配,使整个制度趋于平衡和稳定。制度结构均衡是指在社会中存在着不同的制度安排,但各种制度之间没有冲突,和平共处,是协调和平稳的。由于制度安排和制度结构的主要作用是协调社会各群体之间的利益关系,但不同的社会群体的利益诉求通常是不尽相同的,更严重的是有些是互斥的、对立的,若要达到体制均衡的目标,这也是有一定的困难,所以非均衡的制度安排和制度结构在当今社会中是非常常见的。如果制度处于非均衡状态,那就意味着此时人们认为当前的体制结构

---

① 戴维斯,诺斯:《制度创新的理论:描述、类推与说明》,载于《财产权利与制度变迁》,上海三联书店 2014 年版,207 页.

不够合理，试图推行体制改革然而又尚未采取行动，抑或是和当前的体制安排相比，有其他更理想的制度安排形式可能给社会带来更多的福利，这就很有可能会刺激潜在制度需求和供给的产生。市场规模的变迁、技术的变革、偏好变化或其他随机因素的冲击都可能会打破制度原有的均衡状态，先前体制结构下的收益总量和分配方式也会相应产生变化，非均衡状态也就随之出现了。但是，非均衡并不一定会导致制度更迭，原因是还有其他很多因素会影响新制度的供给，其中尤为关键的是不同社会主体的博弈过程。制度革新能否成功取决于社会主体之间的博弈结果，在制度变革的过程中，涉及的社会主体众多，当中的博弈过程更是庞杂、烦琐，新旧制度的支持者之间存在博弈，新制度的提供者和需求者之间存在博弈，新制度的需求者之间存在博弈，同样的新制度的供给者之间也存在着博弈。制度变迁的过程是复杂的，在新的制度安排下，有可能所有博弈主体的收益都大于从前，也有可能部分主体收益的增加是建立在其他主体收益减少的基础上，利益调整方式既有帕累托改进也有卡尔多改进。后者由于部分主体的利益受到损害，博弈过程会更为激烈，制度变迁也会更加困难。很多转轨国家在制度变迁中都会出现一种现象，就是制度转轨初期一般是帕累托改进，计划经济向市场经济的过渡带来了更多的社会总福利，改革进程也较快，但是到改革中后期，有一些既得利益者会利益受损，制度变迁成了卡尔多改进过程，改革进程也会因此减缓。在现实社会中，制度供给不足和制度供给过剩都有可能出现，尤其是制度供给过剩，主要体现是维持或加强市场不合理管制或低效率的制度。这两种情况都是一种制度的非均衡状态，当制度随着时间、技术、偏好等因素的变化而发生变化，就会发生制度变迁，即从制度非均衡向制度均衡转变，整个制度变迁过程就是一个社会主体的博弈过程，即使在新的制度产生后，同样是制度变迁的受益者之间也仍然存在博弈，如此循环往复，从博弈的分析框架考虑制度与制度变迁是十分有意义的。

第 3 章 中国国有商业银行所有制的演变及改革成效

3.1 中国国有商业银行所有制演变历史

中国国有商业银行是我国社会主义市场经济的主体,是中国金融行业中主要的构成部分与金融服务项目中的首要供给者,也是社会资金的主要筹集者和供给者,在市场经济中发挥着重要的杠杆作用。中华人民共和国成立以来,国有商业银行在改革开放进程中对我国市场经济的推动功不可没。与此同时,国有商业银行为确立符合现代企业制度要求、遵循市场经济规则的产权体制,也经历了复杂的改革过程。

3.1.1 国有专业银行的设立与转变

3.1.1.1 "大一统"银行制度的建立

早在中华人民共和国刚刚成立,国家就对旧中国的银行体制进行了全方面和系统化的整顿与治理,中国人民银行兼并了其他多数银行,同时发挥中央银行与商业银行的功能。中国人民银行体制的建立,标志着我国社会主义金融体系的诞生和金融事业的开端。这种银行体系模式被称为"大一统",主要特点是银行系统的单一和统一。当时,中国人民银行作为我国(不包含港、澳、台地区)唯一的银行,其分行根据行政区划管理分布在我国各个省市,并且根据中国人民银行总行制定的统一计划进行运作,在主导经济工作的同时也提供金融产品的相关服务。换言之,中国人民银行既充当金融政权机构,又扮演金融企业的角色。在这一时期,中国人民银行根据经济条件和市场情况制定政策措施,同时,为了保证中央的计划任务得以执行与实现,以信贷、现金出纳、结算等制度进行严格管理与监督。这种"大一统"垄断现象的出现是由单一的产权制度和单一财政信贷管理体制所决定的,也是与我国高度集中统一的计划经济体制相适应的。

中华人民共和国成立的初期,我国唯一的银行——中国人民银行需要完成以下几个关键任务:首先,是创立统一的货币体系,治理通货膨胀;其次,全面设立分支机构,迅速建立我国的商业银行体系,有效整治和改造私营金融业;第三,加强金融管理,有效治理热钱,打击黑货币市场,禁止境外货币在国内流通,对外汇进行统一管控;第四,以快速恢复生产为主要目标,积极开展存放款业务和外汇业务等,为经济建设打好基础。

通过采用取消商业信用、使用固定结算方式、严格管理现金和信贷资金等方式,"大一统"式的一元银行体制在中华人民共和国成立伊始,抑制了国民党政府遗留下来的恶性通货膨胀,有效地稳定了物价,整顿了金融市场,集中了金融资源,也推动了工业化进程,保障了国有经济的快速发展。但这样的制度仍然存在不少的问题,高度集中统一的银行制度虽然在特定的时期内对我国经济的恢复与发展有所助益,然而由于"统存统贷"的信贷计划管理形式,全国的资金都交由中国人民银行来把控,就导致了商品生产以及市场机制的调节作用无法体现。同时,基层银行机构经营自主权的缺失,使其无法发挥主动性和积极性,其他经济主体的活力与动力也会被束缚和制约,直接融资交易的市场和金融工具的流失影响了整个金融体系的健康运作,无法有效促进社会经济的进一步发展。实践证明,用计划管理与行政约束取代市场规则调控经济,限制其他信用形式,缺乏多样化的金融工具,政府全权掌握从生产一直到消费,容易引发经济比例失调与通货膨胀。随着社会生产和流通规模不断地扩大,并且我国政治经济也历经"大跃进"和"文革"时期,"大一统"银行体制受到严重冲击,银行和商业信用机构基本被取消,直到1979年中国银行体制改革。

3.1.1.2 专业银行的设立

十一届三中全会提出党的工作重点是进行社会主义经济建设,揭开了经济体制改革的序幕。为与我国经济体制变迁相适宜,中国展开了金融体制改革,前后恢复并且成立了"农、中、建、工"四大国有的专业银行,逐渐构成了以中国人民银行为核心、专业银行占主导地位的二元化金融体系。

恢复中国农业银行是中国银行业改革的起点,以适应农村经济改革需要,1979年2月,政府颁布了《关于恢复中国农业银行的通知》,其中规定,中国农业银行作为国务院直属机构,由中国人民银行代管。其肩负的重要职责包括:对财政支农资金进行集中管理,统筹农村信贷服务,对农村信用社加强建设,大力推进农村金融事业的发展。同年3月份,中国农业银行得以正式成立。农业银行的恢复意义重大,这是我国设立专业银行迈出的第一步,打破了中国传统金融体制的僵局。改革开放以后,中国对外的政治交往和贸易往来日益密切,为满足国际结算业务开展的需求,1979年3月,经国务院批准,从人民银行中分离出中国银行专门处理国家的外汇业务,开展国际金融活动。中国建设银行于1983年5月正式恢复并成为支持工业生产和服务行业发展的专业银行。中国工商银行也于1984年设立,主要任务是调整经济结构与投资消费比例,促进我国市场经济发展。至此,四大国有专业银行得以恢复和成立,我国金融体制告别了中国人民银行一手包办的局面,四大银行对农业、外汇、基础建设和城市工商信贷进行了分工,各自独立运行,金融体制的这一变革对恢复我国银行业体制,促进国民经济发展意义重大。

3.1.1.3 国有专业银行的商业化

农、中、建、工四家国家专业银行在建立的初期分别在不同领域各司其职,并且同时经营政策性业务和商业性业务。但政策性金融和商业性金融的相互混淆,始终是传统金融体制的明显缺点,随着中国特色社会主义经济发展路线的确立,我国金融业也深刻地意识到国有专业银行的商业化改革已成为国家金融体制改革的关键所在。在商品经济的前提条件下,商业银行的实质就是金融企业,企业就要以利润最大化为自身的经营目标,然而身兼二职的四大银行既难以忠实履行政策性银行的义务,也无法承担起商业银行自负盈亏的责任,国有专业银行角色定位不明、经营机制不灵活和不良资产比重过大等问题制约了我国银行业的发展。我国的经济体制已从单一的计划经济向商品经济过渡,为顺应经济发展规律,中国国有专业银行的改革应当进入商业化改革阶段。在

1993年以前，专业银行的改革方向主要是企业化经营或运营机制的转变。1993年国务院明确要求实现政策性金融和商业性金融分离，并将国家专业银行办成真正的国有商业银行。随后，政府分别组建了国家开发银行、中国进出口银行和中国农业发展银行三家政策性银行分别承担建设贷款、出口信贷和农副产品收购等业务。由此，我国开始逐步形成中央银行、国有商业银行和政策性银行组成的三级银行体系。

结合我国金融体制改革现状和发展方向，1995年，《中华人民共和国中国人民银行法》正式通过，这是中华人民共和国成立以来所颁布实施的第一部金融法律，标志着中央银行体制走入了法制化、规范化的发展阶段，是我国中央银行制度建设过程中的一座重要的里程碑。同年，《中华人民共和国商业银行法》颁布，首次以法律形式明确了国有商业银行的独立民事法律主体，并清晰阐述了商业银行权利与义务和经营原则。《中华人民共和国商业银行法》的颁布和实施拓展了四家银行的业务范围，促进了市场健康竞争，为我国商业银行向真正的现代化商业银行迈进明确了方向，是我国银行业法制建设史上的重要里程碑。

3.1.2 中国国有商业银行股份制改革的萌芽与发展

中国在2001年正式加入世贸组织，这一举措为中国银行业创造了更多的机会，这也就意味着5年的过渡期后，中国金融市场就会迎来外资银行，中资银行就会面临外资银行的重大挑战。而且当时国有商业银行存在着产权界定不清晰、治理结构不完善造成的一系列问题。为迎接加入WTO带来的机遇与挑战，为中国经济下一阶段的持续增长提供高效率的金融体系支持，为增强我国金融结构的稳定性，加快推进我国独资商业银行改革迫在眉睫。2002年，国家召开会议确定了金融改革的核心要务是国有独资商业银行改革，改革路径是将国有独资商业银行改组为由国家控股的商业银行，时机成熟后公开上市，力争将国有银行塑造成合格的现代金融企业。2003年，国家首先以中、建两行为试点，启用450亿美元外汇储备，通过中央汇金向两家银行注资，迈出了国有商业银行股份制改革的第一步。2004年，中国银行与中国建设银行正式步入了由政府掌握控股权的股份制商业银行改革阶段，改革主要包括财务重组、公司治理和公开上市三个主要环节。

3.1.2.1 财务重组

财务重组又称再资本化,主要手段是国家通过注资、发行债券、资产处置等方式增加银行股份资本,以提高银行自有资产比重,提升资本充足率,使商业银行的偿债能力有所恢复。财政注资方面,2003年,中国银行和建设银行各自接受了来自中央汇金投资有限责任公司注资的225亿美金,用来冲销不良资产,弥补累计亏损。在发行债券方面,建设银行发行三次次级债券,共计400亿元人民币,按照国家各有关规定记为该行附属资本。中国银行为补充其附属资本,也先后发行合计600亿元的次级债券。2004年,中、建两行进行了不良资产剥离,将总金额为2 787亿元的人民币可疑类贷款通过进行市场化招标拍卖的方式,出售给了四家资产管理公司,有效解决了不良资产比例过高的问题。

通过外汇注资、发行次级债、资产处置等办法对两家试点公司的财务重组工作在2005年年底已基本结束,收效显著。根据表3.1的数据显示,财务重组后,中国银行和建设银行的各项财务指标已经达到或者趋近于国际领先商业银行的平均水准,完全符合银监会标准。经过财务重组,几家国有独资商业银行先后逐渐完成了向国家控股的股份制商业银行的转变。政府通过市场化的方式对国有银行进行了注资和不良资产的剥离,有助于国有商业银行综合实力的提升。不足之处是国家基本主导了财务重组过程,在一定程度上限制了银行自身的主观能动性。

表3.1 2005年中国银行与中国建设银行主要财务指标情况

项目	中国银行	中国建设银行	银监会要求
成本收入比	39.5%	39.3%	35%~45%
不良贷款率	4.62%	3.85%	3%~5%
拨备覆盖率	80.58	66.78%	>80%
资本充足率	10.42	13.59%	>8%

数据来源:根据《中国银行年度报告2005》《中国建设银行年度报告2005》整理。

3.1.2.2 公司治理

影响我国国有商业银行的健康发展还有所有权和经营权相分离的问题,

"所有者缺位"问题会导致政府以行政目标或政策偏好作为其经营目标,直接干预银行的正常经营,使银行无法行使其经营权,实现利润最大化的目标。银行核心管理者人员拥有许多重大事项的决策权,缺乏激励机制,出现"内部人控制"现象。从改革开放开始,国有商业银行就开始推进公司治理,通过学习国际一流银行的先进经验,在财务管理、风险管控和人事激励等各个方面也做出了相应调整,但尚未建立完善的公司治理机制。为进一步促进商业银行稳健经营和健康发展,中国人民银行公布了《股份制商业银行公司治理指引》。依据商业银行公司治理基本原则,试点银行在 2004 年先后挂盘,制定了公司章程,起草并报批了"三会"的议事规则,构建了合理的组织机构,完善了风险管控体系,推进了财务制度改革,优化了人事激励制度。

公司治理改革的另一个重要路径就是实现产权多元化,多元化的产权结构能够真正将公司治理的权力还给公司。同时引进战略投资者也是优化股权结构和做好上市准备的重要环节。通过引进境外战略投资者和社会其他资本,既可以借鉴国际先进管理经验与技术,又有利于充实银行资本实力和完善公司治理机制。我国国有商业银行通过和外资银行、资产管理公司签订投资协议,进行了广泛的战略合作。

3.1.2.3 公开上市

完成财务重组、完善公司治理结构和引进战略投资者是国有商业银行股份制改革的重要步骤,也为银行的公开上市奠定了基础。为了进一步解决国有商业银行资本充足率不足、金融产权结构不清晰、法人治理结构不够完善等问题,公开上市是国有银行股份制改革的必经之路。通过上市,国有商业银行的融资渠道得以拓宽,国有资本可以更有效地保值增值。尤为关键的是,可以充分发挥资本市场的调节作用和约束力,增加国有商业银行的财务透明度,改善软预算约束和公司治理结构,巩固改革成果。

2005 年,交通银行在香港联合交易所上市,这是在境外上市的第一家中国内地商业银行。随后,建设银行也成功在香港联交所挂牌上市,发行股票总数达到 305 亿股。2006 年中国银行启动"A+H"计划,分别在香港和上海成功上市。同年,中国工商银行通过 H 股、A 股在香港联交所和上海证券交易所同发,集资额超过 200 亿美元。中国农业 A 股和 H 股也于 2010 年在上海证交所和香港联交所成功上市,在全球募集 221 亿美元,成为全球历史上最大首次公开招股。五大银行均完成了"A+H"两地上市,国有商业银行股份制改革的圆满"收官"标志着中国金融改革开启了崭新的篇章。

3.2 中国国有商业银行所有制改革的成效评析

回顾中国国有商业银行所有制改革历程,可以发现国有商业银行的改革方向符合中国国情的客观现实和经济金融发展的客观规律,在所有制改革的推进下,市场的调节作用得以更充分地发挥,金融资源的配置效率得到优化。

3.2.1 进行产权多元化的股份制改革

在国有独资的产权安排下,国家作为非人格化的银行资产控制者,既是所有者,又是监管者,所有权和经营权难以分离,就会导致权责不清和自我约束机制的缺乏。而真正对银行运营管理的经理人又不是银行产权的所有者,会优先考虑自身利益而不是企业利益,很有可能会让银行产生风险,造成国有资产的流失。"所有者缺位"问题是导致国有商业银行经营效率不高,盈利能力较差的重要原因。在之前的改革中,银行获得了名义上的资产所有权,但单一的股权结构无法真正改变国有商业银行资产所有权问题。产权结构的多元化是现代商业银行制度建立的重要基础,优化产权也更有利于形成多个投资主体相互制衡的产权结构,进而建立相互制衡的法人治理结构。国有商业银行的产权多元化过程大致分成三个阶段,首先是在改革初期,由多个投资人共同发起设立股份有限公司,初步实现股东的多元化;然后是通过引进境外战略投资者,国有商业银行进一步推进产权多元化;最后是在资本市场上市,持股者既包括国有股东,也包括境外战略投资者,更有数以万计的机构投资者和个人投资者,股东数量逐步增多,股权结构愈发分散。这些无疑都会促进国有银行经营的改善和效率的提高。目前,虽然国有商业银行的股权集中程度仍然处于较高水平,但股权结构呈现出多元化的趋势,进一步引进境外投资和民间资本有助于为国有商业银行增加活力和提高国际竞争力。

3.2.2 建立市场化资产管理模式

汇金公司的建立为国有商业银行所有制改革起到了至关重要的推动作用。首先,汇金模式的确立,有利于实现国有资产的优质管理。汇金公司的加入,在一定程度上解决了国有商业银行所有者缺失的问题,而该问题正是造成内部人控制和其他种种问题的重要原因。在注资国有银行后,汇金公司作为国有资本的代表通过参与商业银行的股份制改造行使股东权利,维护国家资产安全并要求合理的投资回报,这就确保了国有商业银行拥有人格化的所有者代表。汇金模式一方面保证了在减持国家股份情况下的国有资产地位,另一方面也以代表国家出资人的身份对资本进行管理,却不直接干预企业的具体经营活动,这标志着我国逐步建立了市场化的国际金融资产管理模式。其次,汇金模式的确立,有利于国有商业银行的市场化运作。汇金公司主导的财务重组既改善了国有商业银行的财务状况,更改变了银行的所有权归属,政府不再是银行的所有者,也就意味着在以后的经营中,政府不能干预银行的具体运作,政企分开能使国有商业银行更好地融入市场运作。经过股份制改革,国有商业银行改制成为国家绝对控股的股份有限公司,实现了股东的多元化,初步形成了分工明确、相互制衡的公司治理机制。最后,汇金模式的确立,对国有银行的国际化发展大有助益。随着我国加入世贸组织,金融业要面临外资银行和金融机构的挑战并接受国际市场的检验,而在国有商业银行资本充足率较低和不良资产比率过高的情况下,国家的救助和扶持是非常必要的,汇金公司外汇储备的注资有效地解决了中央财政存在的缺口,并显著提升了国际评级机构对国有银行的评价,有利于我国国有商业银行更好地参与国际竞争。汇金公司比财政部和国资委更适合担任国有银行的注资人,所以汇金模式更有利于推进国有商业银行的国际化进程。

3.2.3 完善现代企业公司治理机制

经过所有制改革和在资本市场上上市,中国国有商业银行逐步建立起公司治理构架,在现代银行公司治理的建设上付出了较大努力,并取得了很多成绩,主要包括以下几个方面。第一,建立了企业内部治理结构。经过所有制改革,国有商业银行引入了独立董事会制度,和一系列必要的专门委员会,完善了运行机制,建立了科学高效的管理机制,确保各方独立运作、权责明确、有效制衡。同时,国有商业银行继续改造业务流程,减少机构层级,推进业务垂直化管理,提高银行的经营管理效率。第二,对激励与监督约束机制进行了完善。所有制改革以前,国有商业银行由于代理人缺位导致的激励机制落后,造成了大量金融人才的流失,不科学的人力资源管理无法保证银行的长期效益和发展。国有商业银行在薪酬制度的改革中,既要注重激励机制对公司绩效的影响,又要顾及其余企业本身和实力适应的情况,坚持价值导向、能力导向和市场导向,兼顾薪酬标准的内部公平性、外部竞争性,重视公平与效率的平衡。第三,进一步加强了外部治理机制的建设。国有商业银行的外部治理主要包括来自利益相关者和政府的约束及制衡。通过所有制改革,国有商业银行逐步建立起信息披露机制,不断增强信息透明度,保障了投资者的利益。同时,当银行的经营状态更透明地呈现在市场上,市场就从外部约束了经理人的行为,股东也可以根据证券市场的价格来评估银行的经营绩效,行使其监督的权利。中国银行业监督委员会的成立和《中华人民共和国银行业监督管理法》的颁布进一步促进了中国国有商业银行的外部治理机制的完善。

3.2.4 引进境外战略投资者

为了增加资本金,更有效地改善国有银行公司治理结构,解决国有银行软预算约束问题,提升资本市场信誉,通过对以往改革的总结,引进境外战略投资者成为国有商业银行所有制改革的路径选择。第一,引进境外战略投资者,有助于我国国有商业银行资本走向国际市场,在境外上市。由于我国银行业改革相对滞后,国有银行对于国际资本市场而言是比较陌生的,加之改革前国有银行运营效率不高、治理结构不透明、风险控制机制不完善等问题被海外媒体进一步渲染,让国有商业银行的发展前景并不被看好。通过引进声誉良好、资本雄厚的国外战略投资者,既能增强国内外投资者对国有商业银行的信心,又有利于提升中国银行业在国际市场上的形象和前景展望。第二,引进境外战略投资者,有利于我国国有商业银行完善公司治理结构,建立现代企业。国外投资机构进行跨国投资将资本注入国有商业银行的主要目的就是开拓海外市场,获取高额利润,这就会体现在其对银行治理结构的规范和对经营效率的监督上。境外投资者会要求政府部门减少对企业的干预,建立有效的监督机制,这就促进了国有商业银行内部激励约束机制和外部公司治理的完善。第三,引进境外战略投资者,有助于我国国有商业银行资本金的补充。在汇金公司完成对国有商业银行的注资后,使有银行的资本充足率达到了巴塞尔协议的要求,弥补了历史亏损,在很大程度上改善了商业银行的财务水平,但距离国际先进银行水平仍有较大距离。境外资本金的注入能够进一步改善国有商业银行的财务状况,满足业务继续发展的需求。第四,引进境外战略投资者,有利于我国国有商业银行学习先进管理经验,提高经营水平。境外投资机构不仅给国有商业银行带来了雄厚的资本,同时也带来了先进管理理念、管理制度、管理技术,对银行的业务经营涉及风险控制、财务管理、人力资源管理、市场定位以及市场信息和网络等方面提供技术支持。

综上所述,所有制改革获得了显著收益,但也不应忽视在此过程中支付的巨大成本,多年渐进的所有改革成果仍需要通过深化改革来进一步巩固。

3.2.5　改善各项财务指标

我国国有商业银行在进行产权改革以来,通过财务重组、引进战略投资者以及公开上市等方法,国有商业银行在资产质量、资本管理和盈利能力等各项财务指标方面都取得了不错的成绩。有关各项财务指标的具体数据,详见表3.2至表3.4,数据来源为2010—2019年中国金融年鉴及各银行年报,选取的指标均以百分比为单位,因此,更易于考察各项指标的变动幅度。资产质量方面,可以通过拨备覆盖率和不良贷款率两个指标进行评价。拨备覆盖率主要评价银行财务状况是否稳健,对其风险控制能力进行评价。不良贷款率用来评估银行贷款质量,比率越小意味着银行无法收回的贷款占总贷款的风险越低。

表 3.2　中国国有商业银行的资产质量指标情况

指标	年份	中国建设银行	中国银行	中国工商银行	中国农业银行
拨备覆盖率/%	2010	207.88	189.03	201.98	154.62
	2011	240.89	216.76	261.81	229.00
	2012	261.81	233.18	286.54	304.25
	2013	268.02	236.36	275.59	349.94
	2014	241.47	209.79	226.73	332.58
	2015	180.63	157.86	164.44	228.69
	2016	150.36	162.82	136.69	173.4
	2017	171.08	159.18	154.07	208.37
	2018	208.37	181.97	175.76	252.18
	2019	227.69	182.86	199.32	288.75
不良贷款率/%	2010	1.21	1.18	1.21	2.14
	2011	1.06	1.01	0.95	1.65
	2012	1.01	0.95	0.88	1.38
	2013	0.99	0.94	0.90	1.25
	2014	1.10	1.06	1.04	1.32
	2015	1.44	1.40	1.41	1.97
	2016	1.52	1.46	1.62	2.37
	2017	1.49	1.45	1.55	1.81
	2018	1.46	1.42	1.52	1.59
	2019	1.42	1.37	1.43	1.4

数据来源：根据中国金融年鉴及各银行年报整理。

根据表3.2可以看出，四个国有商业银行的拨备覆盖率在整个区间中呈现了较大的变化，跨度基本达到二倍左右，其中，中国农业银行的变化幅度最大，高于其他三家银行。银保监会2010年10月10日下发文件，要求银行将之前的银信理财合作业务中，所有表外资产在2010年后两年内全部转入表内，并按

150%的拨备覆盖率计提拨备。因此可见,近年来,四家银行的拨备覆盖率都在向 150%努力。

在不良贷款率方面,四家银行均在 2010—2014 年间呈现下降趋势,在 2015—2016 年短暂上升后继续下调,说明四家国有银行在进行所有制改革后,对不良贷款的控制表现出色,银行资产质量得到提升。图 3.1 和图 3.2 分别反映了各银行拨备覆盖率和不良贷款率的变化趋势。

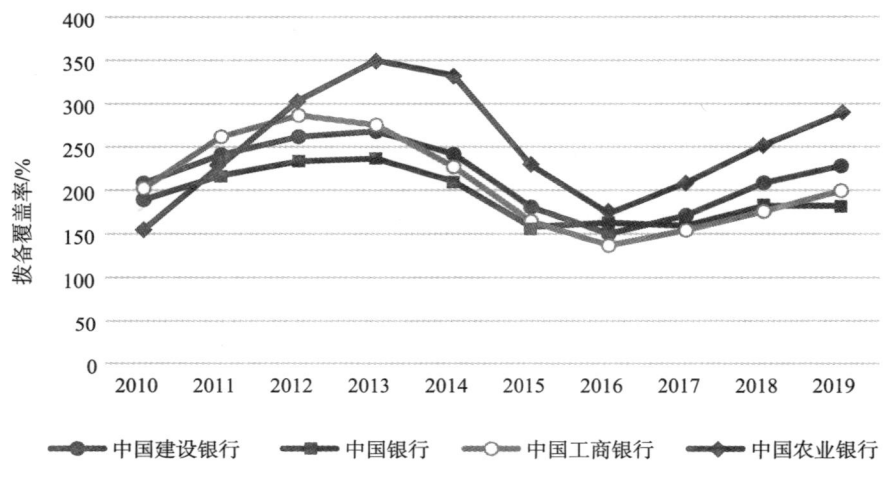

图 3.1 中国国有商业银行拨备覆盖率变化趋势图

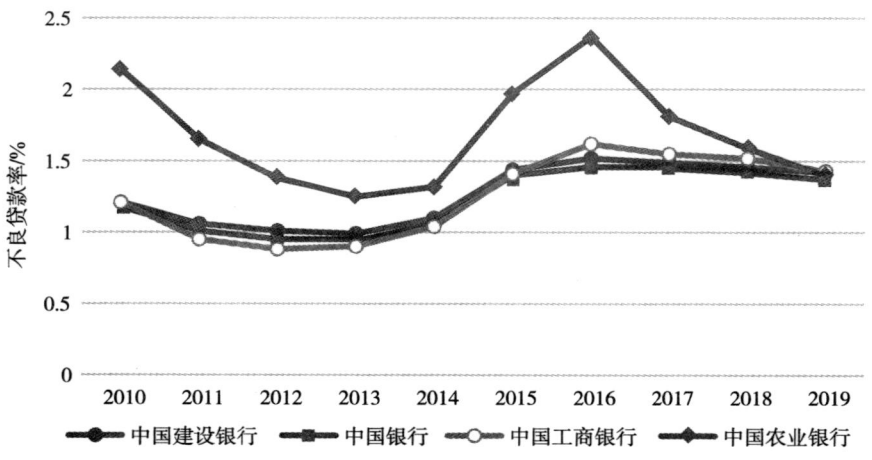

图 3.2 中国国有商业银行不良贷款率变化趋势图

资产管理方面,选取资本充足率和核心资本充足率两个指标观察国有商业银行资产管理情况。资本充足率评估了银行的最终偿债能力,制定该项指标旨在抑制风险资产的过度膨胀,确保金融机构的健康与稳定。核心资本充足率是银行的核心资本占加权风险资产的比重,是银行最重要、最稳定也最优质的资本。

表3.3 中国国有商业银行资本管理指标情况

指标	年份	中国建设银行	中国银行	中国工商银行	中国农业银行
资本充足率/%	2010	11.86	11.78	11.79	10.43
	2011	12.81	12.79	12.45	11.78
	2012	13.92	13.15	13.49	12.18
	2013	14.05	13.33	13.52	12.62
	2014	14.32	13.48	13.74	12.48
	2015	14.95	14.33	14.39	13.13
	2016	15.31	14.67	14.29	13.13
	2017	15.4	14.56	14.56	12.74
	2018	16.37	15.01	14.11	13.33
	2019	—	—	—	—
核心资本充足率/%	2010	9.54	9.47	9.57	8.74
	2011	10.57	9.99	9.90	9.46
	2012	11.22	10.26	10.42	9.67
	2013	11.25	10.49	10.73	9.90
	2014	11.74	10.65	11.11	9.94
	2015	12.20	11.21	11.69	10.00
	2016	12.55	11.77	11.71	10.32
	2017	12.38	11.69	11.65	10
	2018	12.89	11.63	11.54	10.66
	2019	—	—	—	—

数据来源:根据中国金融年鉴及各银行年报整理。

观察表 3.3 能够发现，在资本充足率方面，四家国有商业银行 2010—2018 年均有 2%~3% 的增长，2019 年数据尚未公布，各家银行均能维持 10% 以上的资本充足率。在核心资本充足率方面，各家银行的比例变动趋势与比例基本和资本充足率的变动保持一致，并且均高于 8%。图 3.3 和图 3.4 反映了我国四家国有商业银行资本管理指标的基本走向。

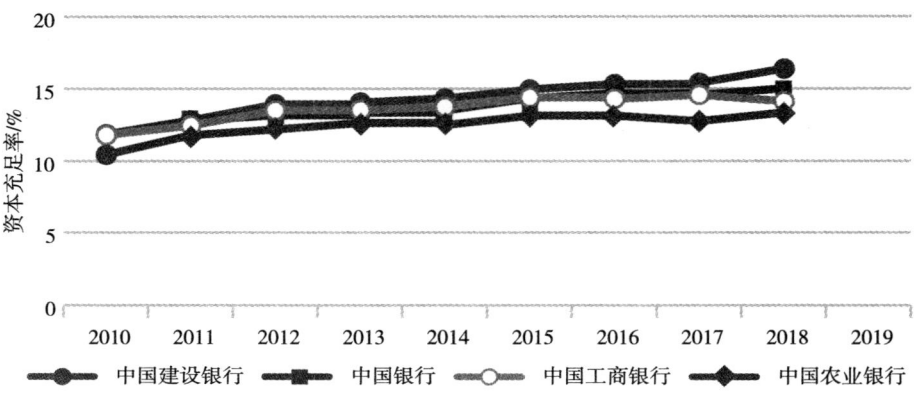

图 3.3　中国国有商业银行资本充足率变化趋势图

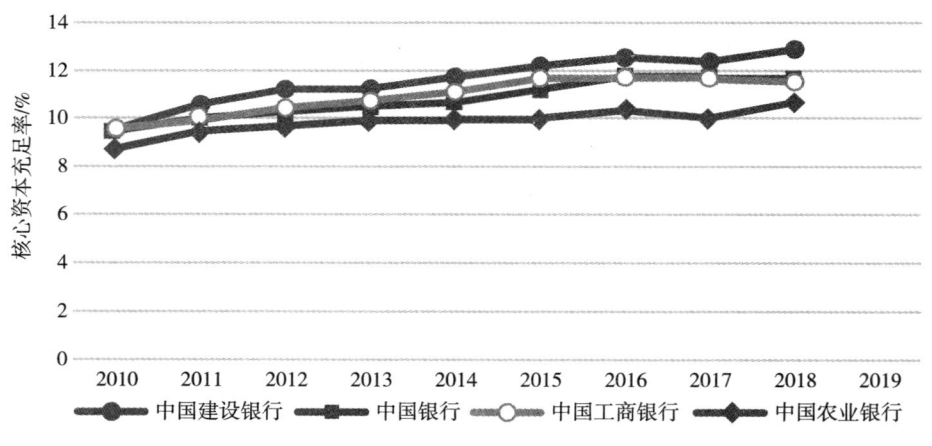

图 3.4　中国国有商业银行核心资本充足率变化趋势图

在盈利能力方面，主要选取资产收益率和成本收入比两个指标衡量国有商业银行改革成效。资产收益率能有效反映银行资产的盈利能力，在业界被广泛应用。

表 3.4 中国国有商业银行资本管理指标情况

指标	年份	中国建设银行	中国银行	中国工商银行	中国农业银行
资产收益率/%	2010	1.32	1.14	1.32	0.99
	2011	1.47	1.17	1.44	1.11
	2012	1.47	1.19	1.45	1.16
	2013	1.47	1.23	1.44	1.2
	2014	1.42	1.22	1.4	1.18
	2015	1.3	1.12	1.3	1.07
	2016	1.08	1.05	1.2	1.0
	2017	1.13	0.98	1.1	1.0
	2018	1.13	0.94	1.1	0.9
	2019	1.11	0.92	1.1	0.9
成本收入比/%	2010	28.58	31.30	28.75	37.72
	2011	26.97	29.94	26.58	33.43
	2012	26.28	29.84	25.98	34.33
	2013	25.95	28.51	25.43	32.91
	2014	25.37	26.49	24.53	30.98
	2015	24.07	25.92	22.95	30.53
	2016	27.49	28.08	25.91	34.59
	2017	26.95	28.34	24.46	32.96
	2018	26.42	28.09	23.91	31.27
	2019	26.53	28	23.28	30.49

数据来源：根据中国金融年鉴及各银行年报整理。

观察表 3.4 可以看出，在资产收益率方面，四家国有商业银行有不断下降趋势，主要原因是受近年来利率市场化影响，银行业继续面临息差收窄压力，传统业务承压；金融脱媒、资本市场高速发展及市场竞争加剧等因素，也使得银行传统存贷业务萎缩，盈利能力下降。在成本收入方面，由于该项指标属于逆指标,虽然中国农业银行该指标较其他三家银行略高,但所有各银行均呈现逐年下降的趋势,2015年年底,中国建设银行、中国银行和中国工商银行达到25%左右,中国农业银行也能保持在30%左右。图3.5和图3.6反映了四大国有商业银行盈利能力的变化趋势。

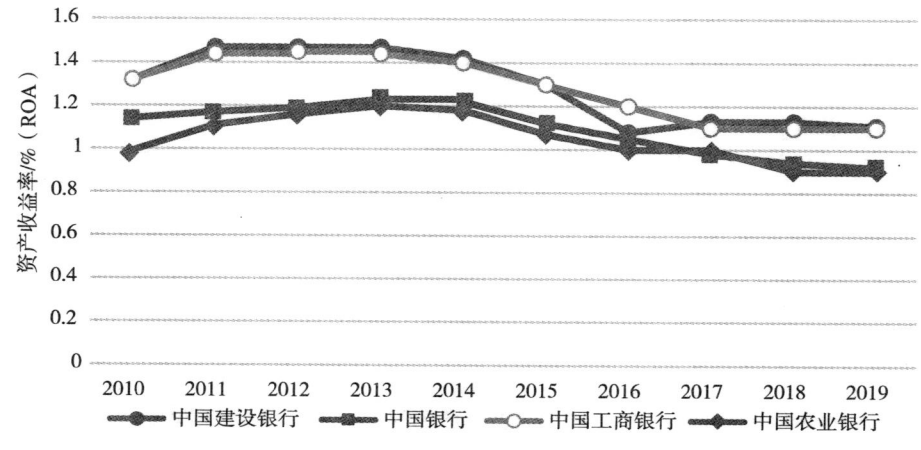

图3.5 中国国有商业银行资产收益率变化趋势图

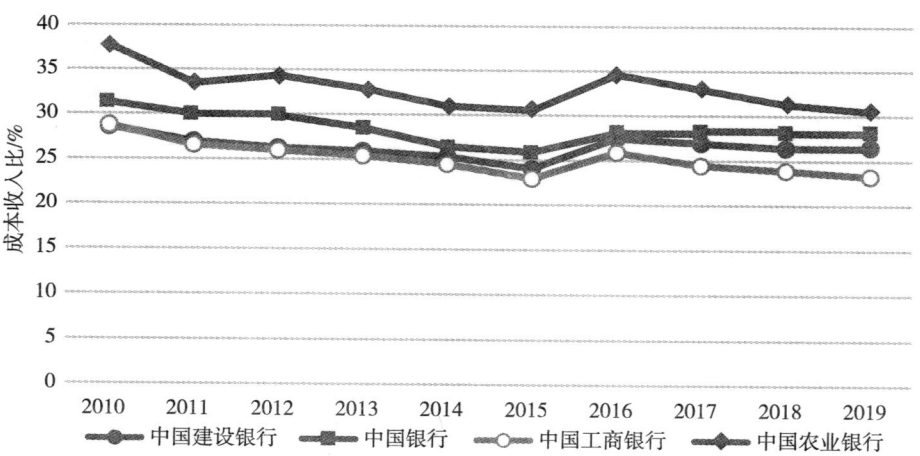

图3.6 中国国有商业银行成本收入比变化趋势图

3.3 中国国有商业银行所有制改革的特点评析

3.3.1 国有商业银行所有制改革是政府主导型的改革

自国有商业银行建立以来,对调控资源配置和促进我国经济发展起到重要作用,但同时也积累了一些问题和风险,甚至曾经陷入困境,国有商业银行在金融体系中占主导地位,其改革不仅仅关系到其自身的生存和发展,与中国金融市场的健康与稳定发展更是息息相关,甚至对全球经济也有不容忽视的影响。国有银行的产权改革自 2003 年开始,从股份制改革入手,经历了财务重组、引进战略投资者、公司治理改革和资本上市。从改革过程可以看出,我国国有商业银行产权改革具有政府主导性。政府在国有商业银行改革中的主要任务包括银行资本的充实、不良资产的剥离和相关政策的扶持。

第一,充实资本方面。股份制改革之前,国有商业银行由国家资本提供全部原始资本金,银行全部资产和利益归国家所有,银行风险和损失也由国家承担相应责任。由于资金来源渠道单一加之长期得不到及时的补充,导致国有商业银行资本充足率偏低,甚至一度呈下降趋势。为解决其资本金不足的问题,一方面,政府向国有银行进行注资。另一方面,鼓励银行以引进战略投资者、发行次级债券等方式补充资本。通过以上手段,在保证了政府对国有银行控股地位的前提下,有效解决了资本金不足问题,并显著提高了银行的资本充足率和资本实力。第二,剥离不良资产方面。政府专门成立四家资产管理公司,采用了行政手段与市场化相结合的形式帮助国有银行进行了不良资产剥离。在此过程中国有商业银行完成了财务重组,并向股份制银行转变,不良资产由资产管理公司接管,但金融资产管理公司收购不良贷款的资金和处置不良贷款后的亏损都主要由政府来承担。第三,政策支持方面。包括税收政策和利率政策。为减轻国有商业银行的税收负担,政府分别大幅下调国有商业银行所得税税率和营业税税率。各项税收的减免显著提高了国有银行的资产收益率。存贷款利率差是商业银行主要的利润来源,而存贷款利率差更主要取决于中国人民银行制定的金融机构存贷款基准利率。随着央行对存贷款利率的调整,我国商业银行利率差总体上呈扩大趋势,这一政策提高了商业银行净利差和净利息收益率,对国有商业银行盈利能力和经营状况的改善大为有利。

从成立一元化银行体系到专业化商业银行建立,再到国家控股的股份制银行上市,政府都在我国国有商业银行所有制改革中起到了主导作用。在转型时期,政府对一国经济增长的推动往往会起到关键作用。不可否认,我国国有商业银行的所有制改革需要政府的支持、引导与监督。政府通过下达指令和制定相关法律政策引入制度变迁,自上而下的制度改革带有强制性,但同时也是改革强而有力的推手。政府作为制度供给的主体,在推动产权制度改革时有成本也有收益,当获取的收益超过付出的成本时,会产生新的制度。在国有商业银行的所有制改革过程中,政府的成本包括向银行注入的巨额资本、承担的不良资产剥离的大部分损失,提供的税收政策和利率政策的支持。但同时更取得了显著的收益,国有商业银行的安全性和盈利性得到明显提升,改革的价值远远大于支付的成本,新制度得以确立。

虽然由于诱致性变迁微观基础缺失、商业银行对传统体制存在路径依赖等原因,政府在改革中起到了主要作用。但随着国内金融市场的持续发展,外资金融机构的加入,我国国有商业银行为了保持并扩大市场占有率,保持市场竞争力,提高经营水平和盈利能力,会不断进行金融产品的创新和自身制度的改进,逐渐开始产生诱致性制度变迁的需求,并在不断加强。根据制度变迁理论,诱致性变迁需求的加强更有利于我国国有商业银行优化所有权结构,在日益激烈的国际竞争中谋求长足的发展。

3.3.2 国有商业银行所有制改革具有滞后性和渐进性

根据诺斯的制度变迁理论,制度可以被看作一种公共产品,被个人或组织所提供,随着知识与技术的发展,理性程度的提高和外部环境的变化,原来处于均衡状态的制度开始变得不均衡,人们将对新制度的需求越来越强烈。因此,当现行制度已经制约了经济发展,无法满足人们需求时,政府才开始考虑改革的必要性,制度才会发生变迁,我国国有商业银行所有权制度的变迁就具有明显的滞后性。中国的经济发展从未停止脚步,然而产权体制的变革始终未跟得上金融体系的发展,导致其不但不能为经济的前行保驾护航,同时也影响了其自身的健康发展。

中国国有商业银行产权制度改革具有滞后性和渐进性既有主观原因,又有客观因素。主观原因是,所有权改革由政府主导,政府在推进改革时会注意新制度的引进不对原有生产组织产生破坏性的影响,所以改革速度要放缓,并逐步建立"进入—退出"机制。这就要求不能在改革初始阶段就完全抛弃旧制度,而是要为我国的新旧制度并存提供衔接点,换言之,需要建立一个"二元经济结构"的金融体系。但产权制度的改革不是一蹴而就的,而是要根据实际情况稳步推进。随着改革步伐的不断前进,我国的"大一统"银行体系逐渐演变成多元化专业银行体系,国有商业银行逐步确立了其在金融市场上的垄断地位。如果改革进程过快,很有可能会使银行丧失一部分市场份额,工商企业通过银行获取融资的成本也可能会推高。为了减少改革过程中因利益冲突导致的障碍,为了实现帕累托改进的良好愿望,国家在产权制度的改革中,主要是通过增量改革带动存量的渐进式方式进行推进。通过这种方式,不直接触及国有银行的核心资产,而是从逐步放松市场准入条件开始,到国有商业银行进行财务重组、引入战略投资者和完善公司治理结构,以先易后难的方式分批推进,保持了变革中的稳定性和连续性。

国有商业银行所有制改革具有滞后性和渐进性的客观因素主要表现在三个方面。一是现行的法律制度在一定程度上限制了国有商业银行体制变革的空间。因为根据现行法律及相关规章制度,我国金融行业主要是实行分业经营和管理,这种制度在一定时期内有利于降低金融风险,为我国稳定金融运行、促进经济发展起到保障作用。但随着经济条件不断发展,市场环境不断完善,这种严格的分业经营和分业管理模式已经开始制约商业银行的发展,既不利于国内商业银行拓展业务领域、提高服务水平和提升竞争力,也不利于外资银行获得平等的竞争地位,更无法与国际金融业发展趋势相适应,限制了国内金融市场的开放与发展。二是产权制度和公司治理结构尚未完善制约国有商业银行的改革深度。由于我国国有商业银行的所有权均归属于国家,"所有者缺位"问题依然存在,行使经营权利的银行行长往往是政府官员,其承担的风险和获得的收益始终是不对称的。这种不完善的所有权制度和公司治理结构会限制国有商业银行经营能力的提升。三是内部管理体制不够完善科学。国有银行往往是根据行政区划分设立其分支结构,并且在构建内部组织时主要围绕产品和业务,忽视了市场和客户的需求。结果内部机构功能交叉、部门分工过细,内部交流沟通障碍频发,不能有效形成合力,无助于国有商业银行经营管理水平的提高和金融工具的创新。

3.3.3 采取借助资本市场上市的手段

改制上市也是我国国有商业银行制度变革的重要环节,符合中国经济发展趋势和国际金融环境变化的需求。从符合国际金融环境的角度而言,往往在成熟的市场经济中,上市公司中金融类企业的比重处于较高水平,银行、资产管理公司和其他金融机构上市的情况很常见,国际上很多一流银行已经上市,同时每一年全世界都有几十家银行进行首次公开募股。从符合国内环境的角度而言,早在20世纪90年代初,深圳发展银行就在深交所挂牌上市,是中国第一家上市的商业银行。随后上海浦东发展银行向社会公众公开发行股票并上市,成为上交所第一支银行类股票。到了21世纪初,中国证券市场发展已经超过10年,上市公司数量达1 200余家,但银行只有5家,且其中没有国有商业银行,整体来看,银行股在上市速度和上市数量上均表现欠佳,尤其是国有商业银行发展滞后。《中国金融服务业展望2004》报告指出,已经在国内完成公开上市的5家股份制银行,虽然在政府支持、市场地位上不如国有商业银行,但其在资产质量、资本充足率以及盈利水平等方面都明显处于优势地位。由此可见,国有商业银行改制上市已经成为中国金融改革中势在必行的环节。

第 4 章　中国国有商业银行混合所有制改革的收益

我国国有商业银行通过股份制改造，引入境外投资者并成功公开上市，改变了长期以来的公有制格局，初步形成股权多元化的局面，也初步确立了现代企业公司治理机制。总体来说股份制改革实现了国有商业银行股权的多元化，并建立了现代公司治理的基本框架，为国有商业银行的健康发展起到了重要的推动作用，但改革尚未完善，国有商业银行还存在股权结构不合理、治理机制不完善等问题没有解决。发展混合所有制经济是深化我国国有商业银行改革的关键路径，在改革中，企业、市场和政府均受益良多，主要包括以下几个方面。

4.1　有利于提高国有银行核心竞争力

4.1.1　混合所有制有助于完善治理结构

虽然通过股份制改革初步确立了公司治理机制，但目前国有商业银行公司治理仍然存在问题，第一是管理模式上，银行还有比较浓厚的行政化色彩，在这种情况下，董事会难以发挥决策功能。在银行高层管理人员的任用上，政府起主导作用。核心高管的人选不是由人力资本市场决定，而是由政府机构任命或者审批，这种任选机制也严重影响了银行家的正常流动，阻碍了银行家市场的健康发展。第二是激励约束机制问题，国有商业银行对高层管理者的监督考核主要以政绩为着眼点，与银行的绩效的关联性并不显著，不能发挥有效的激励作用。就我国的国有企业而言，通常是根据职员的岗位、工龄和职称等制定薪酬分配制度,这也体现了激励约束的低效率。由于市场激励和约束的缺乏,广大员工参与银行公司治理的积极性也不高。第三是银行内部制衡机制不健全。根据我国《公司法》的有关规定,大型商业银行应形成相应的制衡机制,具体表现为"三会一层四权"。而且各个部门机构依据各自的职权相互监督制衡,才能充分发挥银行最佳运作潜能。但是由于股权高度集中在国有股,国有大股东能够实际控制董事会和高级管理层,并且监事会的人员构成也通常都是由董事会内部所安排,造成监事会从属于董事会的局面,甚至是从属于董事长和总经理。在这种情况下,董事会、经理层和监事会基本上"不分家"。各部门机构无法真正发挥其各自职责,致使内部监督的有效性大打折扣。设立的各种专业委员会也因缺乏足够的权力而流于形式,往往只是负责提供咨询建议,没能起到监督作用。第四是内部人控制问题。中国国有企业存在的一个重要问题就是所有者主体虚置和缺位,人民虽在名义上拥有国有资产,但却难以直接行使权利。加上激励约束机制薄弱,银行家很有可能在决策时只考虑个人利益而不注重银行经营发展,容易形成内部人控制局面。第五是缺乏有效的外部约束治理机制。由于中国国有商业银行国有股比例过高,非国有股东持股比例偏低,不能对国有股进行有效的制衡约束,外部约束治理机制也难以形成。

国有制企业中经常存在国有股"一股独大"的情况,其余非国有股的中小股东也欠缺在谈判中的话语权,他们的利益难以得到保障。而国有股东虽掌握对公司的绝对控制权,但更多的是受到政府部门的行政干预,不利于企业实现经济利益,内部人控制和监管失效等问题频频发生。发展混合所有制经济有助于改善国有商业银行的公司治理结构,混合所有制是一类比较特殊的企业,不同所有制之间互相参股,并且同时有几个股东相对控股,这种模式,有利于所有权和控制权分离。董事会成员大多数是股东代表,也可以不是股东,可以由经济、金融专家和社会知名人士担任,经理人员由董事会根据银行的经营实际需要聘任。混合所有制改革有利于改进董事会结构和决策流程,多元产权主体使董事会不再是一个声音,更能使企业健康发展。同时,健全信息披露制度,这些有利于建立起规范的公司治理框架,改善国有企业的公司治理。

4.1.2 混合所有制有助于银行提高经营能力

通过股份制改革国有商业银行取得了重大进展,资产规模进一步扩大,不良贷款率得以显著降低,资本充足率也得到明显提升,在国际市场上的影响力和竞争力都得到了明显的提升。在2015年全球五百强排行中,我国的"工、建、农、中"四大国有商业银行的营业额均名列前茅,分别排名第18位、第29位、第36位和第45位,可见我国国有商业银行已经达到世界领先规模并具有重要影响力。但是,规模大并不意味着质量高,影响力虽然大,也并不意味着拥有较强的核心竞争力。中国国有商业银行当下在核心竞争力方面与国际一流商业银行相比较而言依旧存在一定距离。首先是业务结构不够科学合理,国有商业银行的资质结构设计方式比较单一,缺乏对业务特点的分析,其中一个主要原因是受到国家分业经营、分业管理的政策影响,主要职能部门的设置主要源于传统经营模式。同时,结构设计同质性很强,缺乏多元性,信贷比重过大,中间业务收益在总收益中比重偏低,每个国有商业银行缺少其独特的市场定位和竞争力,这也导致了国有商业银行在各项业务上的同质竞争比较激烈。其次是创新激励机制不健全。中国国有商业银行的金融产品创新度不够,外部制约因素主要包括:分业经营体制限制了产品创新的范围和层次;金融管制比较严格、利率和汇率没有完全实现市场化,限制了金融产品创新的空间;金融市场立法尚不完善,缺乏相关的激励机制和支持政策。创新不足的内部约束因素主要包括:产品创新机制不完善,欠缺高速有效的信息需求采集机制,审查、批准各个环节较为复杂,而且上线推广过程过长,欠缺应急性的开发机制,应对市场变化不能快速反应,导致市场急需的产品创新相对滞后;创新激励机制不健全,企业职工欠缺创新意识,创新动力不足,导致技术创新型产品技术含量相对较低,金融产品缺乏核心竞争力;缺乏创新人才,国有商业银行在人才选用上仍然不能以市场、产品为导向,缺少高素质的专业及复合型人才,存在比较严重的人才流失问题;管理模式相对滞后,因国有银行受到国家分业经营、分业管理的政策影响,主要职能部门的设置主要源于传统经营模式,以直线职能型管理为主,不能与国际新型管理模式相接轨。

通过进行混合所有制改革,国有商业银行可以有效提升核心竞争力。首先，通过进一步引进民间资本和境外资本，增资扩股，有利于银行扩大规模，实现规模经济，增强银行的风险承担和防控能力。通过广泛渠道充实资本，可以为管理体制改革、技术创新、人才引进提供坚实的资金保证。其次，在引进资本的同时，可以吸收非国有金融资本先进的经营模式和管理经验、优质的管理人才和技术人才、垄断性创新金融产品等，弥补自身不足之处，能够在较短时间内有效提升核心竞争力，加强国有商业银行对金融市场的控制力，提升金融服务能力和服务水平。再次，混合所有制改革有利于推进国有商业银行由分业经营向混业经营转变。所谓混业经营就是允许包括商业银行在内的金融机构在货币和资本市场进行业务多元化、品种多样性、方式多样化的经营和服务，包含同时不仅限于银行、证券、保险和基金业务等等。混业经营符合世界金融发展的大潮流，同时也是中国金融改革的重要目标之一。混业经营主要包括两种类型，其一是以欧洲为代表的全能商业银行模式，这类经营模式是由银行各直属部门分别提供证券、信托和保险等金融服务；其二是以美国为代表的金融控股集团模式，该种模式下，银行本身不可以开展投资业务，然而若是同一集团旗下的其余子公司就可以进行此类金融业务。分业经营是一种与混业经营刚好相对的经营模式，各金融机构只能在法律规定下从事单一的金融市场业务，不能跨市场运行，这也是中国目前金融体系的基本制度之一。但是，如果对我国国有商业银行的投资放松限制，则银行能够自己行使投行、信托或基金的子公司职能，则将减少目前同业金融创新的通道环节，理论上能降低实体经济融资成本。金融混业经营主要有两个重要特点，一方面是业务的混合，即任何一个金融机构都可以进行交叉业务的经营，并不需要商业银行与投资银行的业务分离，并且各种金融业务之间能够互相促进、互相支撑，实现优势互补。另外一个特点是管理的混合，这同时也是混业经营的主要风险，综合性银行因其规模较大可能会导致集团内竞争或出现内部协调困难的情况，银行内部出现的管理混乱有可能会造成更严重的金融风险。总而言之，混业经营可以让全能银行完全把控经营管理情况，有效减少贷款和证券承销的风险，而且，这能够增强银行业的竞争强度，促使社会总效用的提升。最后，发展混合所有制经济，不单单是要"引进来"，同时可以推动我国国有商业银行"走出去"。海外股权并购能够实现国有金融资本与境外资本的融合，也可以看作是一种混合所有制经济形式。通过境外直接投资，能够与国外大型商业银行进行优势互补，学习先进模式和经验,在国际市场上宣传国有银行的品牌,逐步实现商品和服务的国际化,增强国有商业银行的国际竞争力。

4.2 有利于保持银行业充分竞争

4.2.1 混合所有制有助于打破金融业行政性垄断

目前,我国商业银行存在竞争充分度不足的问题,在国内的商业银行结构中,大型国有商业银行和政府控股的商业银行规模能够达到商业银行资产总规模的90%以上,民营资本商业银行不足10%,而当前国有四大银行就占据资产总规模的一半以上,对于我国金融业是否处于行业垄断,各界学者说法不一,但普遍达成共识的是我国金融业的竞争充分程度远远不足。

我国商业银行的竞争不充分既有来自市场的外部性规制与约束,也有来自商业银行自身的经营管理模式的制约。一方面是市场进出壁垒,之所以会形成行业垄断,进出壁垒是一个不容忽略的因素。金融市场因其特殊性质,对其内在稳定性要求较高。所以,金融市场有着明显的进入退出壁垒,这就等同于给市场里本就存在的垄断结构又加上了一层保护罩。我国金融业的壁垒主要是由国家法规、制度组成的政策性壁垒。受到我国计划经济的影响,以及对银行业认识有限,政府对银行业甚至整个金融业都进行严格的监管和控制,在进入壁垒方面,国家设置了严格的准入标准,并对运营资金、业务范围等也有特定的限制条件,在退出壁垒方面,用托管和合并等手段为银行退出设置障碍。新兴商业银行和外资银行即使在进入我国市场后,在设立分支机构方面也要经过较为严格的审核,因此我国总体银行数量并不多,这就在无形中削弱了中国银行业的竞争程度。这种不完善的进入与退出机制就成了维护国有商业银行的垄断地位的政策性屏障,同时银行业和证券业的分业经营,虽不能与世界金融一体化发展趋势相容,但却也对国有商业银行的垄断结构起到了维系作用。另一方面,国有商业银行因其身份获得存款人的信任。存贷款业务仍然是银行的主要任务,而当存款人在面对相差无几甚至相同的存贷款利率时,理性的存款人的选择原则往往是安全第一,但由于信息不对称问题,存款人要在短期内了解银行的真实经营情况和信用是存在困难的,存款人往往要和银行进行数次存取款博弈,才能对银行的信誉和效率有所掌握并对其信赖。但在这一问题上,国有银行有着其先天的优势,因为国有商业银行主要由国家控股,也就轻而易举地获得了国家信誉的优势,在争取存款人的信任方面,国有商业银行要比其他民营银行或外资银行节省大量的成本,对于其他竞争对手来说,国家信誉是投入多少动员储蓄的成本都无法抗衡的。因此,为了弥补其在信誉方面的相对弱势,其他商业银行吸引存款人的主要手段只能是提高利率,用存款获得的经济收益去弥补存款人对安全性的需求,在存款收益足够高的情况下,非国有银行才能被存款人选择。在市场利率统一以后,其他商业银行提高存款利率的方法不再适用,这实际上相当于一种隐性的国有银行掠夺性定价规则。而且,当存款利率有所下降的时候,非国有银行会因为流动性困难而信誉受损,或者在相同存款利率下非国有商业银行为获得一席之地而加大竞争性支出,造成巨大压力,甚至可能会影响其经营状况,这一情况也会使尝试进入银行市场者望而却步。

发展混合所有制经济有助于打破金融业的行政性垄断,促进市场公平竞争。虽然我国经济改革不断深化,但垄断行业改革仍然滞后,当前除了一些自然垄断行业外,依然存在较多的行政性垄断行业。公有制经济的垄断经营严重影响了市场的健康发展,一方面,因成本中存在大量不合理因素,包括行业高工资,造成成本偏高,价格扭曲。另一方面,非公有制经济受到产业准入、资源获取障碍等有形或无形条件的限制,已有企业和新进入企业处于不对等竞争状态,难以形成有效竞争。发展混合所有制经济,非公有制经济也能获取经营许可,有利于打破所谓的"玻璃门"和"弹簧门",放大非公有经济,打破公有制经济垄断市场的格局,实现要素利用、投资领域的公平,也可避免出现因行业垄断导致的新短缺现象。

4.2.2 混合所有制有助于转变政府职能

长期以来,政府在国有商业银行中的行使的管理职能是其决策的市场化程度不高的主要原因。正所谓大政府对应小市场,小政府对应大市场,行政干预越多,市场化程度越弱。虽然目前国有商业银行的股东成分比较丰富,但是多数股份仍然由政府掌握,国家处于绝对控股权,这就解决不了产权主体缺位情况。我国国有企业委托代理层级过多,虽然国有资产管理部门在名义上肩负实现国有资产保值、增值的职责,但实际上没有人为银行的亏损承担风险,政府部门也难以对投资决策实行有效的约束机制。银行的董事、监事和高层管理人员作为实际经营者,主要由政府任命,并不是在市场中产生,只对上级行政领导负责,既缺乏业绩激励制度,又不受人力资源市场约束,极易出现道德风险。同时普通员工并不参股,对银行资产缺乏关注度,对银行的经营管理和技术创新既无话语权也无积极性。国有商业银行也同时存在内部决策行政化的问题,因为国家处于绝对控股地位,一股独大,所以在进行银行经营管理时,政企不分和监督机制弱化的弊端难以清除,内部运营决策的市场化水平偏低,行业内市场竞争不平衡。在国有商业银行的运营过程中,国家仍然发挥了对其的保护和支持作用。当前,我国国有资本掌握绝对控股权的股权结构决定了国家隐形担保是金融信用的前提,银行经营管理的最高话语权掌握在政府手里。在目前金融业市场化程度仍然不高的情况下,国家在金融市场的管控不利于商业银行按照市场规则和现代企业制度进行运营。

发展混合所有制经济有助于转变政府职能。一直以来,政府对于不同所有制企业始终采取不同的管理政策、税收政策等。国家同时担负"管人、管事、管资产"的责任,给企业带来了诸多经营管理方面的问题。在混合所有制改革之后,公有制经济和非公有制经济应按照自身在企业的股份比例,作为地位平等的出资方,享受同样的管理政策。国家不应再对企业的合法经营活动进行直接干预,而是利用经济和法律手段对违法行为和损害社会公共利益的行为加以规制,做好监管和服务,致力于为企业创造发展市场经济的良好环境。

4.3 有利于激活要素市场

4.3.1 混合所有制有利于激活资本市场

当前国有商业银行的股权形式虽然比较多样,国有股权由国家股和国有法人股构成,非国有股权包括境内非国有法人股、自然人股和境外法人股,可以说在一定程度上实现了国有资本和非国有资本的相互融合。但我国国有商业银行的股权结构尚有一些不理想之处,一是股权分布过于集中,四大国有商业银行的前十名股东股份均占 90% 以上;二是国有股权比重过大,虽然股权形式比较丰富,但国有股在四大行中"一股独大",其他类型的股份占比较少,国有股权和非国有股权比例相差悬殊。非国有股权因其占比偏低,没有足够的话语权,难以对国有股东形成有效的内部约束。三是境内非国有法人股占比过低。非国有股中包括境内非国有法人股、自然人股和境外法人股,非国有股份意味着民间资本的注入,但我国国有商业银行中的非国有股份大部分都是境外法人股,境内非法人股所占比重非常低,2006—2015 年中,只有中国建设银行在 2011 年的境内非国有法人股达到 1.44%,其余银行在此十年间境内非国有法人股普遍处于 1% 以下。由此反映出民间资金进入大型商业银行的渠道还不够通畅。

发展混合所有制经济可以促进资本要素的流动,在公有制经济下,我国的国有资产流动性相对不足。而资本只有通过流动才能体现其活力并实现进一步的保值与增值。如果不能够让资产在资本市场上自由流动与交换,就是无形中对资本的一种损害。国有企业上市的估值不高主要症结便是一股独大,但如果非国有资本进入,国有企业的股权相对分散,众多股东都会关心股价市值,也能确保国有资产不被贱卖。因此,允许和鼓励非国有资本进入国有商业银行可以有效提升市场化程度,也是激活资本市场的关键。发展混合所有制能够为国有资本和非国有资本均提供良好的市场经济环境,组建混合所有制企业有利于将国有资产更好地资本化,也就可以确保实现其良好的流动性,增加资本活力和增值能力。

4.3.2 混合所有制有利于激活劳动力市场及技术信息市场

在劳动力方面,由于国有企业的高管往往由政府直接任命,且缺乏良好的激励约束机制,造成了大量的人才流失,又无法吸引优秀人才。以往的人事改革都是依靠人力资源技术的引进,虽然人力部门在很多专业职能上进行了改进,比如能力素质模型、绩效评估等等,但发现解决了技术问题,却解决不了企业的治理结构问题。正因为靠专业的人力资源技术解决不了治理结构带来的问题,这也导致了人力资源从业者工作效率低。从前有这样的观点,国企的体制没有问题,只是选人、用人环节出了问题,但实际情况证明,组织对人才的选用和人才作用的发挥跟体制有十分密切的联系。组织原则的优先级决定了一个合理的组织制度之下会产生大量优秀的管理者,这已不再是偶然现象,而是组织制度选择的必然结果。薪酬改革一直以来都是国有企业人事改革的重点内容,但始终成效不佳,多数国企员工工资差别不明显,工资水平"高的不高、低的不低"现象依旧存在,意思就是普通职工收入高于劳动力市场平均标准,但重要技术管理人才的薪酬却不符合市场标准。这种薪酬制度对国有企业吸引人才、留住人才毫无益处。在混合所有制的国企改革中,有竞争力的薪酬设计将会是一个十分关键的突破点,薪酬绩效考核的技术性、科学性将受到严厉的审视。平均化、福利化的薪酬将转变为业绩导向的差别化薪酬制度,能者多劳、高激励性薪酬、能力报酬将在企业关键岗位上得到充分体现。薪酬和福利政策必将更紧密地与企业经营效率、效益挂钩,跟员工群体特征挂钩。劳动关系管理将转向更加市场化、精细化的方式,比如要建立有效的任职资格和胜任力模型体系,以有效评估人员能力素质,提高招聘的有效性。同时,企业某些职能的人力资源配置将会显著调整。总体而言,发展混合所有制经济能够使企业的劳动力要素价格更充分地接受市场调节,有利于优化企业薪酬制度,加大人才引进力度,为吸收人才和培养人才提供良好的企业环境,有助于提升企业的国际化经营能力与水平。在其他无形资产方面,发展混合所有制经济有利于促进企业间和市场的信息交换和技术交流,更有利于促进市场的要素配置效率、企业的技术和创新能力的提升。

第5章 中国国有商业银行混合所有制改革的实证分析

5.1 样本的选取

为了对比国有商业银行与其他已上市股份制银行的绩效表现和业务创新情况,本书中选定了我国四大国有商业银行以及中国交通银行、重庆银行等12家上市股份制银行,合计一共是16家商业银行,研究中选取上述16家银行2010—2019年的年报数据,最终确定160个样本数据进行分析,数据来源为各上市银行历年公布的年报和Wind数据库。

5.1.1 变量定义及说明

本书共选取8个指标,其中实验变量包括:业务创新(NI)、总资产收益率(ROA)以及所有制混合程度(Diver-prop),本书采用了王永海和章涛(2014)[①]和李永兵(2015)的做法,用非利息收入占营业收入比例(NI)来度量银行的业务创新水平。一般情况下在度量商业银行的业绩时,主要会利用托宾Q和不良贷款率以及净收益利率等各项指标,由于样本中包含某些处于未上市期的年度数据,因此,本书未用托宾Q来度量银行绩效,同时,为了便于数据的选取与整理,

---

① 王永海,章涛.金融创新、审计质量与银行风险承受——来自我国商业银行的经验证据[J].会计研究,2014(004):81-87.

本书采用李永兵等（2015）[①]的做法，用总资产收益率（ROA）来度量银行绩效。混合所有制程度计算方式分别为十大股东中由国家持股（中央汇金、财政部及地方财政部门、国资委及地方国资委下属国有资产管理公司等）、国有法人股、民营法人及自然人股、外资持股与总股数之比。其中控制变量包括：资产规模（Lnasset）、资产负债率（Leverage）、资本充足率（Car）、银行存贷比以及不良贷款（R_DL），具体变量定义、符号及说明如表 5.1 所示。

表 5.1 变量定义及说明

变量类型	变量名称	变量代码	变量含义及说明
实验变量	业务创新	NI	非利息收入占营业收入比例
	总资产收益率	ROA	净利润与总资产比值
	所有制混合程度	Diver-prop	该变量的运算方式是国家或政府相关部门所持有的股份比重、国有法人代表组织的持股比重以及非国有持股比重的平方和的倒数
控制变量	资产规模	Lnasset	银行年末总资产取对数
	资产负债率	Leverage	银行年末总负债与总资产的比率，衡量银行财务杠杆水平
	资本充足率	Car	银行抵御风险的能力
	银行存贷比	R_DL	银行配置资产能力
	不良贷款	NPL	我国商业银行次级和可疑以及损益贷款在贷款余额中所占比例

5.1.2 假设与模型

5.1.2.1 假设的提出

国外有不少学者对企业的所有权结构和技术创新之间的联系进行了研究，

[①] 李永兵，袁博，骆品亮.混合所有制、业务创新与绩效表现——基于我国上市银行的实证研究[J].上海经济研究，2015，(10)：55-63.

Francis 和 Smith(1995)[①]认为,当企业所有权被 CEO 控制时,更加有助于科学技术的提升与创造能力的增强,换言之,也就是认定企业的创新总效率与股权集中程度呈正相关关系。Aghion(2013)[②]等指出,公司的所有权对技术创新有显著正影响,尤其在当企业所有者能够有效进行信息收集和监督经理人的情况下。对于外资股份与创新关系问题,业内往往认为跨国公司主要通过技术转移的方式将母公司的技术移植到子公司,所以通常子公司不需要在技术创新上投入大量时间和成本。但 Guadalupe(2012)[③]等则认为,跨国公司在进行海外投资时,收购的更多是东道国声誉好、效率高的企业,而这些企业对于技术创新是非常具有积极性的。研究中国问题的学者的关注点则在企业所有权性质对创新的影响,他们普遍认为,比起所有权结构,所有权的性质对公司的创新行为有着更重要的影响作用。Lin 等相关学者在 2010 年度根据有效分析指明,就创新性投资方向中,我国的民营企业与混合所有制企业通常要比我国的国有企业投入更多[④]。但是就学者 Hu 和 Jefferson(2006)的发现而论,我国的非国有企业通常要比我国的国有企业具备更为高层次的专利性申请的倾向性,具有更高的创新产出效率[⑤]。而 Zhang[⑥]等(2003)和 Chen[⑦]等(2008)指出,国有控股企业的创新效率比较低,非国有控股企业的创新效率更高,其中外商投资企业具有最高的创新效率。陈熙皓(2014)也在研究中指出,中国国有企业因受到政府的政策保护及资源和资金支持,往往依赖自身垄断优势缺乏创新动力,行政干预也在一定程度上不利于企业自主创新,因此我国国有企业的创新能力不如民营

---

① Francis J,Smith A. Agency Costs and Innovation:Some Empirical Evidence [J]. Journal of Accounting and Economics,1995,19:383-409.

② Aghion P,Van Reenen J,Zingales L. Innovation and Institutional Ownership[J]. American Economic Review,2013,103(1):277-304.

③ Guadalupe M,Kuzmina O,Thomas C. Innovation and Foreign Ownership"[J]. American Economic Review. 2012,102(7):3594-3627.

④ Lin C,Lin P,Song F. Property Rights Protection and Corporate R&D:Evidence from China[J]. Journal of Development Economics,2010,93(1):49-62.

⑤ Jefferson G H,Bai H,Guan X,Yu X. R&D Performance in Chinese Industry[J]. Economics of Innovation and New Technology,2006,15(4/5):345-366.

⑥ Zhang A,Zhang Y,Zhao R. A Study of the R&D Efficiency and Productivity of Chinese Firms [J]. Journal of Comparative Economics,2003,31(3):444-464.

⑦ Chen V Z, Li J, Shapiro D M, et al. Ownership structure and innovation:An emerging market perspective[J]. Asia Pacific Journal of Management, 2014, 31(1): 1-24.

企业和外资企业[1]。孙红梅(2014)提出,技术创新受企业资产规模和融资能力的限制,而我国的混合所有制企业的创新具备了国有企业与私营企业的优越性,民营企业创新资金不足和国有企业创新动力不强的问题都够得到解决,可见混合所有制企业较其他所有制经济有着更为成熟的技术创新环境[2]。而我国的研究学者吴延兵(2014)通过比较我国不同所有制企业的技术创新能力,指出产权性质差异是导致企业技术创新激励存在差别的主要原因。通过分析与比较不同所有制企业的创新情况,他提出,具有最强创新能力的是混合所有制企业,而我国国有企业的科学技术研发能力比较薄弱,民营企业在专利创新方面见长,但创新能力不够全面。外商投资行业由于依靠于母公司的技术转移在科技创新方面投入较少,然而却在新产品与劳动出产率上完全表现出了明显的优越性[3]。综上所述,本书认为在我国商业银行中,所有制混合程度与银行创新之间存在显著的正相关关系,因此提出以下假设。

假设H1A:股权所有制混合程度与业务创新水平显著正相关。

另外,进一步考虑银行性质的影响。国有商业银行具有较强的政府色彩,在一定程度上具有市场垄断地位导致创新动力不足,而行政体制束缚及激励机制不完善导致创新活力不足(唐跃军和左晶晶,2014)[4]。相反,股份制商业银行由于受到的行政干预相对较少,面临的竞争更为激烈,经营管理机制更趋市场化,更具有创新动力。由此,进一步提出如下假设。

假设H1B:与国有银行相比,股份制商业银行中股权所有制混合程度对业务创新水平促进作用更强。

同时有一些学者对所有制性质与企业业绩关系做了相关研究,其中马连福,王丽丽,张琦(2015)通过对2001-2013年上海证券交易所中的国有竞争类上市公司样本数据的整理,分析了混合所有制改革对竞争类企业绩效的影响。报告中的数据反映,在完善的制度环境下,若我国的私营企业股东的比重处在30%~40%之间,企业业绩提高更为明显[5]。我国学者李永兵,袁博,骆品亮

---

[1] 陈熙皓.进一步发展混合所有制企业推进创新驱动战略[J].中共太原市委党校学报,2014(4):37-40.
[2] 孙红梅.混合所有制改革:技术创新的必然要求[J].时代金融旬刊,2014(35):25-26.
[3] 吴延兵.不同所有制企业技术创新能力考察[J].产业经济研究,2014(02):53-64.
[4] 唐跃军,左晶晶.所有权性质、大股东治理与公司创新[J].金融研究,2014(6):177-192.
[5] 马连福,王丽丽,张琦.混合所有制的优序选择:市场的逻辑[J].中国工业经济,2015(7):5-20.

(2015)选取了我国上市银行 2007 年至 2013 年的面板数据作为实证研究对象,样本总量为 112,实证研究发现,我国商业银行的创新能力与股权的混合所有制程度呈正相关关系[①]。但也有研究指出了不同的看法,张文魁(2015)[②]收集了 1 087 家上市公司从 1998 年到 2007 年的会计信息和股东信息,按照前十大股东资料对企业进行了分类,其中前三大股东均为国有股东或者非国有股东的企业被划分为非混合所有制企业,而前三大股东中既有国有股东,又有非国有股东的企业被归为混合所有制企业,经过对混合所有制企业和非混合所有制企业的业绩进行的分析比较,他指出并没有确切分析结果表明混合所有制企业的业绩要好于非混合所有制企业的业绩。因此,为分析混合所有制程度对商业银行的业绩表现是否有明显影响,本书提出下列假设。

H2A:股权所有制混合程度与商业银行绩效显著正相关。

H2B:与国有银行相比,股份制商业银行中股权所有制混合程度对商业银行绩效促进作用更强。

5.1.2.2 模型设计

为了证实本书的假设命题,选取了面板数据回归模型加以验证,面板数据,或称为"平行数据",英文名称是 panel data,其定义是在特定的时间序列上取多个截面,在这些截面上同时选取样本观测值所构成的样本数据。抑或是说其相当于一个 M 行 N 列的数据矩阵,这个数据矩阵所表明的含义是选取 N 个时间节点上,M 个对象的某个数据指标。和唯一维度的数据排在一条线上相比,这种数据有着显著的区别,那就是当选取的数据按照时间序列与截面两个维度排列时,是出现在一个平面上的,整个数据表格好似一个面板,所以称之为面板数据。然而,如果从内涵上而论,将"panel data"翻译成"时间序列-截面数据"更能够表现出该类数据本质上的各种特征。面板数据可以克服时间序列分析受多重共线性的困扰,能够提供更多的信息、更多的变化、更少共线性、更多的自由度和更高的估计效率。

本书构建的具体模型如下。

[①] 李永兵,袁博,骆品亮. 混合所有制、业务创新与绩效表现——基于我国上市银行的实证研究[J]. 上海经济研究,2015(10):55-63.

[②] 张文魁. 混合所有制的公司治理与公司业绩[M]. 北京:清华大学出版社,2015.

5.2 样本数据的描述性统计

针对本书共选取 8 个指标:所有制混合程度、业务创新、总资产收益率、资产规模、资产负债率、资本充足率、银行存贷比以及不良贷款进行描述性统计分析,具体结果如表 5.2 所示。

如表 5.2 所示,一共有 160 个样本,其中所有制混合程度的最小值为 1.56,最大值为 26.21,均衡值为 6.44,标准差为 4.84。业务创新的最小值为 -2.62,最大值为 38.23,均值为 17.88,标准差为 7.79。而总资产的经济收益率最大值是 1.72,相反地,最小值为 0.11,均值为 1.08,标准差为 0.26。资产规模的最小值为 86.93,最大值为 113.71,均值为 94.21,标准差为 2.24。资产负债率的最小值为 6.75,最大值为 9.35,均值为 8.32,标准差为 0.59。资本充足率的最小值为 -0.39,最大值为 24.86,均值为 11.91,标准差为 2.53。银行存贷比的最小值为 44.77,最大值为 82.42,均值为 68.17,标准差为 7.10。不良贷款的最小值为 0.33,最大值为 23.57,均值为 1.72,标准差为 2.72。

表 5.2 描述统计

Variable	N	Minimum	Maximum	Mean	Std. Deviation
Diver-prop	160	1.56	26.21	6.44	4.84
NI	160	-2.62	38.23	17.88	7.79
ROA	160	0.11	1.72	1.08	0.26
Leverage	160	86.93	113.71	94.21	2.24
Car	160	-0.39	24.86	11.91	2.53
R_DL	160	44.77	82.42	68.17	7.10
NPL	160	0.33	23.57	1.72	2.72
Lnasset	160	6.75	9.35	8.32	0.59

5.3 回归结果与评述

5.3.1 股权所有制混合程度与业务创新水平回归分析

为了探索股权所有制混合程度与业务创新水平之间的关系,针对假设一中的两个假设,对股权所有制混合程度与业务创新水平显著正相关以及与国有银行相比,股份制商业银行中股权所有制混合程度对业务创新水平促进作用更强进行验证,本书选择面板数据回归模型,为了得到较为稳健的结果,把 RE(随机效应模型)和 FE(固定效应模型)均进行了完整的剖析与阐明,最终得出的结果如表 5.3 所示。

表 5.3 给出了所有制混合程度与银行业务创新面板数据回归的结果,其中包括全样本以及分样本的回归结果,分样本是指国有及非国有的样本。在全样本回归中可以看到,所有制混合程度与银行业务创新呈现正相关关系,对比分样本回归结果可以看到,国有及非国有银行的所有制混合程度与银行业务创新关系并没有显著不同,即 H1A:股权所有制混合程度与业务创新水平显著正相关成立。H1B:与国有银行相比,股份制商业银行中股权所有制混合程度对业务创新水平促进作用更强不成立。

表 5.3 所有制混合程度与银行业务创新面板数据回归

变量	RE			FE		
	全样本	国有	非国有	全样本	国有	非国有
Diver-prop	0.22*	−12.07	0.19	0.20	−4.43	0.17
	(1.71)	(−1.51)	(1.29)	(1.48)	(−0.81)	(1.09)
Lnasset	13.51***	—	14.25***	17.08***	39.14***	16.21***
	(10.26)	—	(8.52)	(10.74)	(4.20)	(8.49)
Leverage	−2.29	—	−65.34	−0.69	−1.69	−39.57
	(−0.43)	—	(−1.32)	(−0.13)	(−0.51)	(−0.78)

(续表)

变量	RE			FE		
	全样本	国有	非国有	全样本	国有	非国有
Car	22.75	—	−8.35	16.81	−42.11	3.61
	(1.24)	—	(−0.25)	(0.89)	(−1.55)	(0.10)
R_DL	15.05*	—	−8.69	14.58	−14.40	0.53
	(1.83)	—	(−0.80)	(1.60)	(−0.55)	(0.04)
NPL	−34.49*	—	−0.31	−18.10	−1.73	25.04
	(−1.71)	—	(−0.01)	(−0.87)	(−0.07)	(0.45)
Constant	−106.30***	44.35***	−31.54	−136.68***	−308.24***	−79.80
	(−7.74)	(2.88)	(−0.58)	(−8.66)	(−4.24)	(−1.36)
R-squared	0.50	0.05	0.47	0.71	0.91	0.65
N	160	40	120	160	40	120

注：***、**、*表示在1%、5%、10%的统计水平上通过显著性检验。

5.3.2 股权所有制混合程度与商业银行绩效回归分析

为了探索股权所有制混合程度与业务创新水平之间的关系，针对假设二中的两个假设，对股权所有制混合程度与商业银行绩效显著正相关以及与国有银行相比，股份制商业银行中股权所有制混合程度对商业银行绩效促进作用更强进行验证，本书选择面板数据回归模型，为了得到较为稳健的结果，将随机效应模型(RE)、固定效应模型(FE)都进行了分析与阐述。得到结果如表5.4所示。

表5.4给出了所有制混合程度与财务绩效面板数据回归的结果，其中包括全样本以及分样本的回归结果，分样本是指国有及非国有的样本。而在全样本的回归方程中，我们能够识别出，所有制混合程度与财务绩效没有显著的关系，对比分样本回归结果可以看到，国有及非国有银行的所有制混合程度与财务绩效关系显著不同，且与国有银行相比，股份制商业银行中股权所有制混合程度对商业银行绩效促进作用更强。即H2A：股权所有制混合程度与商业银行绩效显著正相关不成立。H2B：与国有银行相比，股份制商业银行中股权所有制

混合程度对商业银行绩效促进作用更强成立。

表 5.4 所有制混合程度与财务绩效面板数据回归

变量	RE			FE		
	全样本	国有	非国有	全样本	国有	非国有
Diver-prop	0.00	0.25	0.01*	0.00	0.02	0.01
	(1.13)	(1.32)	(1.89)	(0.55)	(0.09)	(1.66)
Lnasset	0.16***	—	0.11*	0.22***	1.25***	0.11*
	(3.93)	—	(2.17)	(4.01)	(3.31)	(1.85)
Leverage	0.30	—	−4.98***	0.38*	0.54***	−4.42***
	(1.61)	—	(−3.21)	(2.00)	(4.04)	(−2.73)
Car	4.65***	—	2.09*	4.21***	−1.24	2.36**
	(7.42)	—	(1.96)	(6.30)	(−1.13)	(2.15)
R_DL	−0.12	—	−0.59*	0.14	−1.40	−0.67*
	(−0.45)	—	(−1.85)	(0.44)	(−1.33)	(−1.66)
NPL	−0.65	—	−4.39***	−0.42	0.10	−4.09**
	(−0.94)	—	(−2.71)	(−0.56)	(0.10)	(−2.31)
Constant	−1.00**	0.69*	5.05***	−1.73***	−9.62***	4.50**
	(−2.28)	(1.92)	(3.01)	(−3.12)	(−3.28)	(2.40)
R-squared	0.46	0.04	0.51	0.67	0.86	0.69
N	160	40	120	160	40	120

注：***、**、* 表示在 1%、5%、10% 的统计水平上通过显著性检验。

5.3.3 基本结论

5.3.3.1 结论总结

在本书的主题基础上，提出两个假设，假设一：H1A：股权所有制混合程度与业务创新水平显著正相关；H1B：与国有银行相比，股份制商业银行中股权所有制混合程度对业务创新水平促进作用更强。假设二：H2A：股权所有制混合程度与商业银行绩效显著正相关；H2B：与国有银行相比，股份制商业银行中股权所有制混合程度对商业银行绩效促进作用更强。分析中本书共选取 8 个指标，其中实验变量包括：业务创新、总资产收益率以及所有制混合程度；其中控制变量包括：资产规模、资产负债率、资本充足率、银行存贷比以及不良贷款。在分析中应用了描述性统计分析以及对面板数据回归中的随机效应模型（RE）、固定效应模型（FE）进行了分析与阐述。得到的主要结论为：所有制混合程度与银行业务创新呈现正相关关系，国有及非国有银行的所有制混合程度与银行业务创新关系并没有显著不同。所有制混合程度与财务绩效没有显著的关系，国有及非国有银行的所有制混合程度与财务绩效关系显著不同，与国有银行相比，股份制商业银行中股权所有制混合程度对商业银行绩效促进作用更强。

5.3.3.2 原因分析

商业银行股权所有制混合程度与业务创新水平呈正相关，与假设相符，说明国有商业银行混合所有制改革是有利于银行业务创新水平的提高的，而国有商业银行和其他上市银行的所有制混合程度与银行业务创新并未呈现显著不同，说明即使是银行在国有绝对控股或国有相对控股的情况下，引入其他所有制资本，仍能有效地促进其业务创新能力。

另一方面，经过实证检验，国有商业银行和其他上市商业银行的所有制混合程度与银行的财务绩效表现没有显著的影响。当然，一个公司的业绩表现受到的影响是多方面的，而所有权只是其中一个因素，并且在一个相对较短的时期内，所有权甚至不能算是一个决定性因素，整个行业的宏观环境，某个项目的成败，甚至是某个商业机会的把握都有可能比所有权重要。另外，企业家的能力和责任感、企业积聚的力量、企业的信誉等等，都对企业的业绩有着重要的影响。当然，所有权对上述因素也会产生一定影响，但未必是简单的线性关系。民营资本和境外资本的注入固然会给国有商业银行带来一定的活力，但所有权结构产生变化，也同样会使公司治理机制变得更为复杂，而企业股东与股东之间的关系、股东与企业董事会之间的关系以及股东与企业经理层之间的关系也同时变得难以把控。同时，新股东的进入也可能会带来银行的战略调整，这一调整也可能会在短时期内影响企业的业绩表现，即使混合所有制给企业带来了更大的活力、更强的激励机制,但这种活力和激励机制变成银行的绩效表现,也同样需要一定的时间。

与此同时,本书的验证也存在一定的缺陷之处,收集的160个样本数据均为混合所有制银行,未与这些银行的非混合所有制时期或是其他非混合所有制银行进行比较分析。无法得知从非混合所有制改制为混合所有制银行,对银行的绩效影响,以及在非混合所有制银行当中,国有股东和非国有股东应该处于怎样的占股比例,才能让国有商业银行混合所有制改革收到最大的成效。

第6章 中国国有商业银行混合所有制改革的成本与风险

6.1 中国国有商业银行混合所有制改革障碍

6.1.1 交易成本导致的混合所有制改革障碍

在国有商业银行推进混合所有制改革的过程中,在人的主观因素、资产专用性的存在和市场环境的制约共同作用下,不可避免地存在着较高的交易成本。混合所有制改革的交易成本也可以称为制度成本,包含了信息成本、谈判成本、履行契约的成本和监督管理的成本等等,过高的交易成本可能会导致国有商业银行混合所有制改革出现障碍。

发展混合所有制经济的事前成本主要有以下几个方面。一是信息成本。公有制企业和非公有制企业在组成混合所有制企业前,会从多种渠道收集交易对象的各类信息,不仅包括对方的企业规模、运营模式、组织结构以及员工职业素养等,当然,还有企业的发展战略、管理水平、品牌价值、企业文化、商业信誉等无形资产。信息不对称从本质上是无法消除的,并购双方获取以上信息并加以透彻分析有一定难度,尤其是我国企业信息与信用系统尚不完善,因此信息成本很高。二是决策成本。双方企业在决定组成混合所有制企业时,必定要有效协调好各自内部的利益关系,在组建新企业的过程中难免会产生交易成本。在公有制企业中,存在一批安于现状的利益团体,为了维护自身既得利益,可能会阻碍混合所有制改革。在非公有制企业中,也有一些人会因害怕丧失决策权、激励机制分配不公而不想与公有制经济融合。因此,想要说服并购双方,协调好各方利益关系,同样需要花费大量成本。三是谈判成本。在进行混合所有制改革时,公有制企业和非公有制企业的利益诉求点存在较大差异。公有制企业想通过融合盘活闲置资产,优化治理结构,增强公有制经济的控制力和活力,而非公有制企业想通过合作获得经营上的方便,包括进入壁垒小、获得资源和经营机会较多、受保护程度更高等。所以,并购双方在融合形式、治理结构、股权分配、补偿办法、激励机制、未来发展规划方面会反复进行讨价还价,这一过程必然耗费大量的人、财、物、时间等大量成本。

在建立混合所有制企业以后的成本主要存在于以下几个方面。一是资源配置成本。无论是要进入市场还是退出市场,生产要素都将被重新配置,在国有企业和民营企业或外资企业组建新企业时,因为资产专用性的存在,企业在混合所有制改革中需要面临生产要素价值损失的风险,负担其中的沉淀成本,为了减少自己当前的损失,和避免将来被"敲竹杠",契约双方在谈判中将在资源配置问题和权利安排方面花费高昂的交易成本以维护自身权益。二是文化整合成本。发展混合所有制经济不是将不同所有制经济简单集合,而是要真正地做到各个方面资源的整合,有效发挥出各个方面的比较优势,才能够更好地体现出混合所有制的优越性。但不同所有制企业在发展战略、经营模式、企业文化等方面均有较大的差异性。国有企业长期依靠国家体制保护,一些管理人员有制度优越感,存在着官僚作风的问题。非国有企业在管理上也有家长作风、随意性强、管理素质参差不齐的问题。同时,由于不确定性和信息不对称的存在,契约是无法在谈判时就得到完善的,很可能出现事后不适应。要将两者协调好,实现有效融合,就需要付出相应成本来解决整合冲突问题。三是监督成本。为了能保障契约的顺利履行,公有制企业和非公有制企业都会投入力量构建监督制衡体系,以便及时发现问题,维护自身利益。为了规范执行层权力运行,确保混合所有制企业健康、规范运行,各方权益得到保障,需要付出相应的监督成本。

从另外一个层面上说,在混合所有制经济发展过程中,交易型交易成本、管理型交易成本和政治型交易成本等构成了改革的总交易成本。总量交易成本在不同的体制下是不尽相同的,在传统的计划经济中,市场型交易费用的降低是以管理型交易费用的剧增为代价的,同时市场与管理之间的替代关系消失,市场中缺乏竞争机制,导致行政费用也随之上升。因此,计划经济体制的边际交易费用往往高于市场经济体制的边际交易费用。根据科斯定理,只有交易成本为正,各种制度才会产生,而有效的制度又可以显著地降低边际交易费用。市场化程度会影响总量交易成本,由于市场不完善造成的市场失灵在我国经济市场化的整个过程中始终存在,不完善的市场体系、市场主体和市场规则也是制约我国商业银行混合所有制改革的重要因素。如果要防止交易成本导致的混合所有制失灵问题,健全社会主义市场经济体制是重要前提和保障。

可见,组建混合所有制企业必须要考虑到交易成本问题,那么,混合所有制企业的总成本就应该由交易成本和生产成本共同构成(如图6.1所示)。

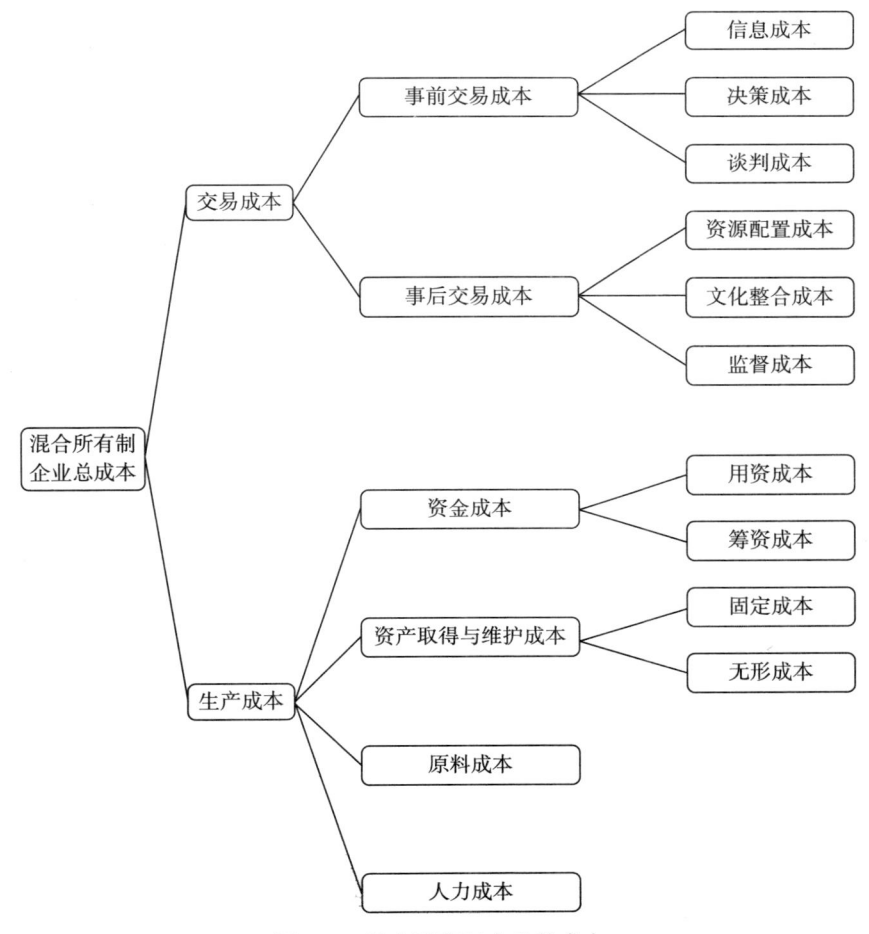

图6.1 混合所有制企业总成本

发展混合所有制经济,有利于通过各种所有制资本取长补短、相互促进,加快企业专业化发展,提升市场化运营水平。混合所有制企业要同时兼顾生产成本和交易成本,但这两类成本却受到专业化程度的不同影响。混合所有制企业随着企业规模的扩大,专业化程度的提高,生产成本会因规模效应而显著下降,但与此同时,企业在进行资源配置和整合过程中会产生大量交易成本。因此,交易成本的增加不免会制约混合所有制企业的专业化程度,混合所有制企业要在生产成本和交易成本找到均衡点,选择合适的专业化水平。在图 6.2 中,横坐标表示混合所有制企业专业化水平,纵坐标表示企业在混合所有制改革中产生的平均成本,TC_1、TC_2 曲线代表交易成本,PC 曲线代表生产成本。交易成本随着混合所有制企业专业化程度的提高而逐渐增加,生产成本由于规模效应,逐渐降低,在 S_1 点左侧,企业的生产成本较高,但交易成本较小,所以企业继续提升专业化水平,直到达到 S_1,但是如果进一步提高混合所有制企业专业化程度,所产生的交易成本就会过高,即使生产成本降低也难以弥补。所以,S_1 是在 TC_1 曲线和 PC 曲线相交情况下混合所有制企业的最优专业化水平。如果在发展混合所有制经济的过程中没有处理好相关问题导致出现过高的交易成本,这样将会使交易成本曲线向左移动,出现新的交易成本曲线 TC_2,则会使混合所有制专业化程度降低,部分经济福利消失,出现混合所有制改革失灵现象,偏离帕累托最优,阻碍改革进程的推进。反之,如果能够控制并减少企业在进行混合所有制改革中出现的交易成本,则可以使交易成本曲线右移,那么企业的专业化程度还会得到提高。根据新制度经济学的观点,制度变迁过程中的政策要么是为减少交易成本而存在的,要么是为使以前受高交易成本阻碍而不可能实现的东西变为可能而存在,换言之,交易成本的降低可以使生产可能性曲线向外移动。

国有商业银行进行混合所有制改革的一个重要目标是使其成为真正的市场主体,真正追求利润最大化的经济组织。如图 6.3 所示,MC 和 MR 分别为混合所有制企业的边际成本和边际收益,AC 为企业的平均成本,价格 P_1 和产量 Q_1 是企业利润最大化的均衡点,企业可以获得利润 P_1ACB。在收益既定的情况下,混合所有制改革可以通过降低企业成本,使企业的利润空间进一步得到提升。根据上文分析可知,混合所有制改革中涉及的成本包括生产成本和交易成本。在生产成本方面,吸收民营资本和境外优秀资本,有利于国有商业银行提升经营水平,降低管理成本;同时还有助于国有商业银行创新金融工具,发展多样化经营,有效降低存款成本。在交易成本方面,进行混合所有制改革有助于国有商业银行完善股权激励与约束机制,防范道德风险;健全内部治理机制,解决其内部委托代理效率问题;降低准入门槛,盘活资产市场等。在混合所有制改革之后,国有商业银行的成本降低,出现新的价格均衡点 P_2,银行获得更大的利润 P_2DFE。

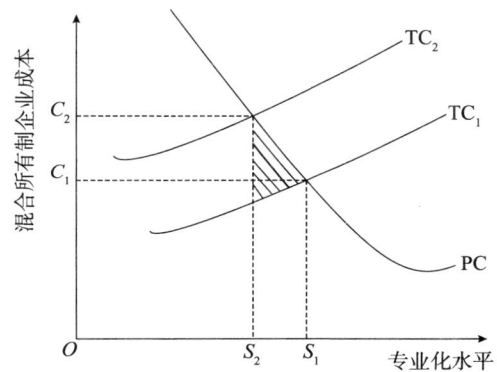

图 6.2 混合所有制企业生产成本、交易成本与专业化水平

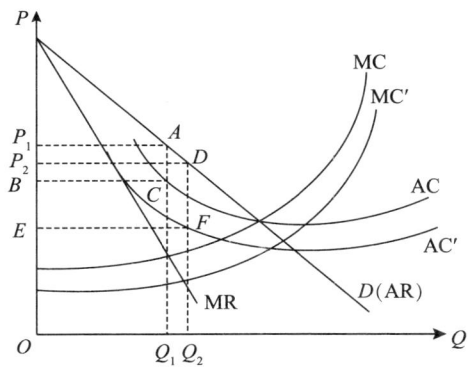

图 6.3 混合所有制改革成本变动分析

另一方面,假设成本既定,国有商业银行进行混合所有制改革可以增加收益,主要原因有以下几点:首先,引入民营资本和国外资本后,银行扩大了资产规模,降低了不良贷款率,显著提高了资本充足率,银行规模的扩大,可以帮助

其实现规模经济,增强银行的风险承担和防控能力;其次,通过广泛渠道充实资本,可以为管理体制改革、技术创新、人才引进提供坚实的资金保证,在引进资本的同时,可以吸收非国有金融资本先进的经营模式和管理经验、优质的管理人才和技术人才、垄断性创新金融产品等,弥补自身不足之处,能够在较短时间内有效提升核心竞争力,加强国有商业银行对金融市场的控制力,提升金融服务能力和服务水平。最后,混合所有制改革有利于推进国有商业银行由分业经营向混业经营转变。在成本既定,收益增加的情况下,企业可以在混合所有制改革后将利润从 P_1ACB 扩大到 P_2DFE,如图 6.4 所示。

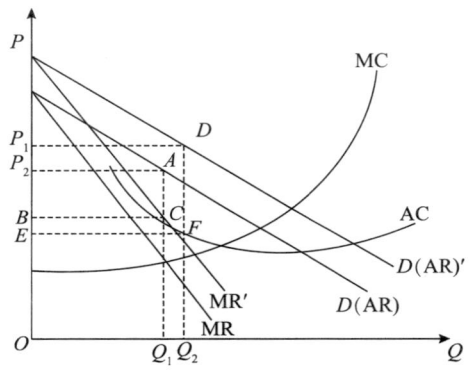

图 6.4　混合所有制改革收益变动分析

6.1.2　不完全契约导致的混合所有制改革障碍

根据对不完全契约理论的回顾,可以大致总结出通常情况下不完全契约模型中的三个阶段。首先是治理结构阶段,该阶段重点是对所有权进行合理的安排,即有一方将获得剩余决策权,这也就同时决定了讨价还价权利的配置;接下来是投资阶段,此阶段主要是投资选择的考虑,对谈判的地位和讨价还价的能力有重要影响;最后一个阶段是契约的履行,此阶段是决定是否履行契约的关键。不完全契约模型区别于完全契约模型最重要的地方就在于最初阶段,因为所有权的配置会直接决定中期的投资阶段,而治理结构的选择会影响最后阶段中交易双方讨价还价权利的配置。在混合所有制经济的发展过程当中,当国有资本取得了控制其他非国有资本的权利,占据主导地位,国有资本就会拥有全部讨价还价的权利,从而占有全部准租金。其他资本无须决定是否履约,原因是其根本不具备讨价还价的资格。同样道理,当其他所有制资本获得了企业的控制权,也会相应获得讨价还价的权利。可见,准租金的分配方式取决于治理结构的安排,由生产要素在完全竞争市场上流通走向企业内部分配,很容易看到利益冲突的存在。由于国有企业在投资过程中因为专有性投资有着较高的沉淀成本,所以其唯一的选择是成为混合所有制企业的所有者,否则会因敲竹杠问题而蒙受损失。一般而言,契约当事人之间的依赖程度随资产专用性程度的提高而提高。也就是说,如果双方在投资中使用的都是通用型资产,不存在沉淀成本的情况下,市场治理结构完全有效,也不会出现机会主义行为。因为即便交易被突然终止,双方都不会产生任何损失。如果合约当事人的投资重要程度大致相同时,治理结构同样奏效,国有企业与民营企业可以共同进退,风雨同舟,不必要建立混合所有制企业,因为在一些情况中,非一体化的效率可能会更好。但是,由于资产专用性的存在,国有企业和私有企业必然会产生相互依赖或锁定关系,因为当投资中使用了专用性资产时,市场治理结构就会失效,因为投资者无法全身而退,而不得不考虑非市场治理结构,从而产生相互依赖关系。由于有限理性的原因,契约在签订过程中没办法完备,难免会出现不周全或有遗漏之处,没有专用性投资的一方为了追求一己私利就可能会利用这一点,做出有损投资方的行为。无论是所有权安排的变动还是治理结构的变化都会对契约双方谈判的力量和地位产生影响,继而影响事前投资激励。因此,为了避免敲竹杠这种预期引起的无效率,在沉淀资产投资很大时一旦进行了企业资产重组,企业的剩余决策权的配置就变得非常关键,并且企业所有权的配置应取决于沉淀投资规模的大小,没有沉淀成本的投资方不应该获得剩余决策权。

另一方面,在混合所有制改革中不光国有企业面临被私有企业敲竹杠的可能性,民营企业也存在此类风险。为了减少这种风险,契约双方会在组建新的混合所有制企业时耗费高额的信息费用和沟通费用。由此可能会导致"囚徒困境"情况的发生,对投资效率产生不利影响,甚至会使生产可能性曲线向内移动,预想中一体化带来的收益也无从兑现。图 6.5 中,曲线 AB 表示在稀缺资源与技术条件一定下可能达到的最大的产量数量组合,当在其他条件不变但发展混合所有制时,可能会出现两种情况。第一种情况是,当契约趋于完备时,国有资本和其他所有制资本的融合就会有效推动经济发展,生产可能性曲线会从 AB 移至 CD,和更高水平的效用曲线相切,体现了经济发展状况被明显改善,社会福利被有效提升。第二种情况是,当契约趋于不完备时,意味着混合所有制企业的组建不顺利,就很有可能导致生产可能性曲线向内移动至 EF,和更低的效用曲线相切。这说明不完全契约下的混合所有制改革因存在错漏过多,可能会导致生产效率下降,社会福利受损。这时,中国国有商业银行的混合所有制改革就会出现改革失灵问题。

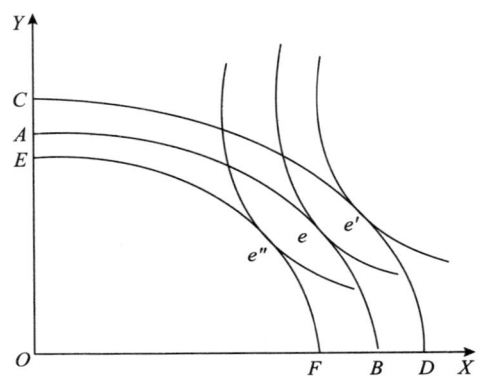

图 6.5　不完全契约下混合所有制与经济增长

契约是否能够趋于完全受到契约当事人有限理性和市场环境不确定性的影响。如果决策者是完全理性的,资源是可以充分流动的,市场是完全竞争的,那么经济利润为零,收入分配既公平又有效率,自由市场是最优的,生产可能性曲线达到最大化。但这和真实情况不符,有限理性和不确定性是不可避免的,信息流动性和认知能力等都将影响国有商业银行在混合所有制改革的效果。所以,作为专用性资产的投资者,国有企业应该以资产专用性为核心,设定治理结构,尽量减少沉淀成本给企业带来的风险。否则,再有效率的投资将来也难以成功,更不能实现经济的有效增长。而依据不完全契约理论可知,选择私有化、国有化还是混合所有制将取决于交易资产的专用性程度,而这与交易成本大小也密切相关。

区分交易的关键维度包括交易发生的频率、交易受影响的不确定性和提供商品和服务时涉及的资产专用性程度,这些因素对交易的成本都有重要影响,但最后一点尤为受到交易成本经济学的关注。完全竞争市场中的一个重要假设是生产要素可以自由流通，企业也可以无障碍地进入与退出市场，即企业不受沉淀成本的影响，只要认为生产某产品有利可图，就可以快速进入市场，反之，当价格下降或市场需求减少，导致利润降低甚至要承受亏损时，也能够在没有成本、没有后顾之忧的情况下离开市场。在这种竞争市场结构下，企业可以自由在市场中进入与退出，以实现其利润最大化，所有制结构也就符合拉姆齐最优。但现实情况是，在企业进行某项生产时，会存在一些投资是在原来的生产中价值较高，但如果用于其他生产，价值就会降低，这项投资就是专用投资，即存在资产专用性。资产专用性是对不可再调配性的一种度量，这类投资也被称为沉淀投资，因为部分投资成本会被滞留在某一特定关系内，而无法从别处得到补偿。资产专用性就是企业投资产生沉淀成本的重要原因，沉淀投资也就成为企业进入及退出市场的成本及壁垒。当某种生产要素的资产专用性程度较高，将其重新安排在其他行业或者生产部门时需要的成本也就更多。也就是说，资产专用性越强，资源重新配置的成本越高，沉没成本越昂贵，行业壁垒和垄断程度也就越高，这样就会使所有制结构偏离拉姆齐最优。

资产专用性的表现形式有很多种，威廉姆森认为，其中有五种尤其会造成双边依赖性并引起更多的缔约风险。第一，场所专用性，主要指为了最小化存货费用和运输成本进行的事前投资，一旦做出投资，则移动投资的成本昂贵。比如对集装箱港口的投资就是场所专用投资，因为此项投资很难被移到别处。第二，人力资产专用性，这种资产涉及对特定工作非常有价值的知识，并且多数知识与技能是通过边做边学而获取的。第三，指定性资产专用性，这类资产往往是根据特定客户要求进行的单独投资，其价值来自向特定用户出售大量产品这一前景，如果该客户提前结束契约，则会导致大量的过剩生产能力。第四，物质资产专用性，指的是为生产某一零件而专门设计的特定模具或者工具。第五，品牌资产专用性，当产品品质优良，企业信誉良好，品牌形象会被逐步确立，良好的品牌形象会增加产品的价值。但是若契约中其他当事人采取机会主义行为，品牌的持有方会因此产生损失。

资产专用性通过市场壁垒会对所有制结构产生影响，在我国的金融行业中，国有商业银行占主导地位，其他商业银行参与程度仍然不够，容易造成垄断，影响了非公有制经济的发展和国有经济的战略性调整。在进行国有商业银行混合所有制改革的过程中,国有资本和其他所有制资本都会进行资金、技术、人员、时间等资源的投入,当双方投入的均为通用性资产时,没有沉没成本的牵绊,不确定性会被有效减少,当合约履行过程中出现任何问题,无法继续合作时,国有资本和其他所有制资本都能全身而退。这就使投资双方在进行合作时,没有后顾之忧,混合所有制改革就容易获得成功。但因为资产专用性的客观存在,未投资或投资少的一方可能会出现机会主义行为,损害投资方利益。为了降低风险,契约当事人会对合作事宜的各种问题和保障措施进行谈判,耗费大量的时间和成本,阻碍混合所有制经济的发展。尽管国家颁布了鼓励非公有制经济发展的相关条例,鼓励并引导民间资本注入金融服务领域,显性的行政性壁垒已经逐步消失。但由于专用性资产的存在,企业在进入和退出市场时仍然面临较高的壁垒,投资双方也会在讨价还价环节耗费大量交易成本,进而阻碍双方的合作,导致相关政策难以实际生效。我国国有商业银行虽然初步实现了产权多元化,但国有股份处于绝对控股的地位,法人治理结构不健全,中小股东利益难以得到切实保障,如果国有股东凭借控股权与信息优势控制自身的专用性资产投资而让非国有股东投入更多的专用性资产,从而导致专用性资产投资失衡,容易诱发国有股东背叛契约的机会主义行为,那么将影响混合所有制企业的稳定性与长远发展。

  治理结构选择的原则是成本最小化,即最小化交易与生产的联合成本。交易中资产专用性水平的高低,会影响治理结构的选择。在资产专用性水平较低的时候,市场可以充分发挥治理的作用,短期契约能以较低的成本对不好的行为进行惩罚,人们不必担心敲竹杠的问题,也没有过多的内部组织问题。但如果资产专用性水平较高,市场关系就不适合解决交易问题,因为在进行投资之后,由于有限理性和不确定性的存在,契约无法将所有情况都交代清楚,会产生各种事后机会主义行为的可能性。当契约不能很好地解决信息问题和激励问题时,国有资产和非国有资产的持有者可能会为了规避这样的风险,而决定不进行投资与合作。在这种局面下,就需要依靠治理结构来创造实现专用投资的环境,长期契约和纵向一体化成了较为理想的治理结构。纵向一体化把要求高水平资产专用性的交易引入组织内部,使得事后讨价还价地位向着有利方向转变,因为纵向一体化将先前相互冲突的利益联结在一起并且消除了许多选择,通过消除相关各方的利益冲突,纵向一体化也可以阻止敲竹杠问题。但这种组织结构的弊端是会引起许多内部组织问题。总结以上观点,在资产专用性较低时,无论不确定性程度的高低,市场都可以成为有效的治理结构;当资产专用性较高、不确定性程度较低时,可以采取长期契约的治理结构,因为名誉在关系中的作用重大;当资产专用性较高、不确定性程度也较高时,纵向一体化则是一个更好的治理结构选择。

图6.6用交易成本经济学最重要的外生变量总结了威廉姆斯的假说。市场结构不能用于治理那些存在高额专用性投资的交易,因为专用投资的持有者会因担心在事后缺乏讨价还价能力而无法收回投资的资本。通过在公司内进行交易内部化,选择性干预会解决讨价还价问题。k为资产专用性程度,如果投资的专用性水平低,即$k\in[0,k_1]$,则市场治理结构的成本$M(k)$最低。如果投资的专用性水平高,即$k\in[k_2,\infty]$,则纵向一体化(层级)治理结构可以最小化治理成本$H(k)$。纵向一体化治理结构的例子包括上市公司、员工持股型公司等。当资产专用性水平处于中间阶段,即$k\in[k_1,k_2]$,则混合型治理结构最为理想,混合型治理结构的例子包括特许经营、合资企业等。

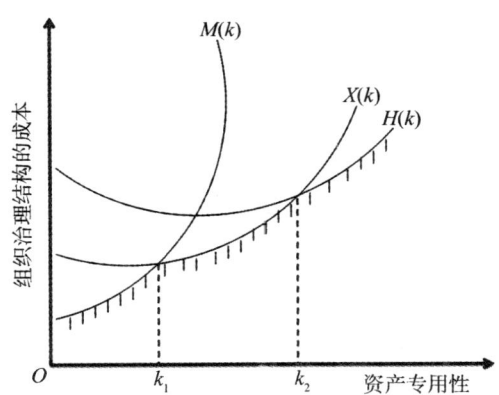

图6.6 有效治理结构选择与资产专用性(Williamson,1991)

6.1.3 委托代理问题导致的混合所有制改革障碍

我国国有企业所有权和经营权的分离,一定程度上使委托代理问题的产生成为必然。国家为国有控股或参股企业选定经营者,目的是使企业产生最大化效益,为民众谋福利,而国有企业经营者在接受了任命、掌握了企业经营权后,自然需要使企业利润最大化成为首要目标。同样,在国有股权转让过程中,企业经营者应从企业所有者利益出发,实现资产保值增值,以合理价格进行交易。但企业经营者很可能在这个过程中出现个人利益与企业利益相冲突的情况,特别是在我国国情下,国有企业经营者并不是单纯的企业法人,其可能还扮演着现实和潜在的其他角色,出现干部身份和企业家身份并存情况,因此极有可能产生道德风险问题。以下根据委托代理理论,对国有股权转让中的道德风险产生原因做出阐述。

6.1.3.1 委托人和代理人信息不对称

传统经济理论将企业视为仅承载着投入与产出的黑匣子,其内部结构是完全有效的,这无法对不同企业在具有相似资源情况下产出的巨大差异做出合理解释。Berle 和 Means(1932)在对企业内部结构探讨中,首次提出了企业所有权和控制权的区别以及两者分离可能产生的问题[①]。由于委托人无法对潜在代理人进行评估、筛选,也无法对实际代理人实施有效监督,使得代理人有足够机会和动机以牺牲委托人利益为代价,增加自身利益。熊焰、张丽(2005)[②]认为,在国有产权制度改革过程中,对国有资产的基本价值应有明确评估,从而判断在此过程中是否出现了国有资产流失情况。在国有股权定价中,信息不对称情况尤为突出,国有企业中各项资产价值很难被一般民众所知晓,在缺乏完整规范的披露机制情况下,被交易的国有资产很容易以低于合理区间的价格卖出,造成国有资产流失。

6.1.3.2 委托人和代理人权利义务不对等

我国国有企业经理人掌管企业日常生产经营,其决策将对企业发展起到关键作用,但行政权赋予的经济权力,并没有相应制约措施对企业经营者行为加以规范;而作为委托人,虽然是名义上的所有者,没有相应的实质性权力,但却需要承担因为企业经营不善而造成的严重后果。在国有资产交易中,实际权力

---

① Berle A. JR. ,G. Means. The Modern Corporation and Private Property[M]. Commerce Clearing House,1932.
② 熊焰,张丽. 警惕"走出去"的国有资产流失[J]. 中国改革,2005(07):59-60.

往往掌握在企业经营者和管理者手中,他们有义务对国有资产保值增值做出努力,但是由于权利和义务不对等,国有资产增值并不能直接对企业经营者产生正向激励,而与交易对手方在价格方面的协商甚至妥协反倒可能给自己带来直接利益,因此,国有企业经营者可能会运用手中权力进行寻租,在国有资产交易中故意以不合理价格成交。

6.1.3.3 委托人和代理人动机不对称

资本所有者可从企业价值增值和业绩提高中得到利益,因此投资者所追求的是尽可能多的利润。而代理人在一段时间内作为企业直接控制人,可能将个人发展和享受摆在相对重要位置,例如在报道中屡见不鲜的国有企业管理者为个人发展盲目扩展生产等,以图暂时的业绩增长而不顾企业长远发展,或者将所在企业作为跳板等。如前所述,当国有资产保值增值和企业发展前景不再是国有企业经营者的首要目标时,他们在与交易对手方的谈判中,不会尽最大努力为国有资产争取最优价格,反而可能因为个人原因对价格制定起到负面作用。

6.1.3.4 委托人和代理人利益周期不对称

在国有企业中,存在委托代理关系的短期化造成的经营者行为短视化弊端。良性的委托代理关系需要在多轮博弈中产生,激励代理人以长远眼光审视企业经营发展问题。而在国有企业,作为代理人的各级企业主管普遍任期较短,很多高级管理者不是从企业中成长起来的,而是在特殊时期,肩负着特殊目的空降至企业的。在这种情况下,委托人没有足够时间和空间对企业全面情况做深入细致的了解和掌握,同时,由于企业和代理人自身预知其任职时间不会长久,因此在短期内不可能很好磨合,这对国企改革中诸多需要高度配合的工作产生了阻碍。

我国国有商业银行是国有独资银行或者控股银行,属于国有金融企业。国有商业银行中往往存在国有股"一股独大"的情况。在国有企业的经营与管理中,各级政府将资产层层委托,导致出现了过长的委托代理链条。被政府指派的企业管理人员,虽然作为国家的代理人,但其代替股东行使了经营管理权,却不会被要求与股东、企业一起承担风险和利润损失。因此这些高层管理人员往往没有压力也缺少积极性,加之国企经理人员的机会主义动机又导致了在职消费问题,只相当于国企的"虚拟股东",并不能真正使公司治理结构完全奏效。要解决这个问题,实现国有资产的保值增值,提升中国国有商业银行经营管理水平,就需要引入真正的所有者,包括发展混合所有制。借助混合所有制的企业组织形式,民营资本、境外资本和其他优秀社会资本就能够加入国有商业银行,当这些非国有资本的持有者成为企业的真实所有者,就能形成更有效的激励机制,也更容易实现政企分开。中国国有商业银行混合所有制改革为国有资本注入了新的活力,民营资本与其他境外资本也能因此增强实力获得国有银行的信用支持。进行混合所有制改革,可以使商业银行能够真正参与到市场竞争中,使政府真正成为市场竞争的维护者,实现市场对资源的有效配置。在推进国有商业银行的混合所有制改革的过程中,重点要解决委托代理链条过长问题,选择合格的代理人。要建立市场化的银行经理人选聘机制,完善内部监督和评价体系,在考评指标上确立以绩效为导向的激励机制,实现高效、科学合理的经理人管理,有效减少代理成本,提高委托代理效率。

中国国有商业银行进行混合所有制改革需要注意的另一个问题是利益相关者的协调问题。所谓利益相关者协调,是指银行在运营中,既要考虑到银行直接参与经营管理和生产的内部人员,也要注意照顾到其他银行外部环境中受银行经济活动间接影响的其他利益群体。在组建新的混合所有制企业后,银行的规模会进一步扩大,也可能会设立更多的分支机构和业务部门,专业化水平必然会显著提升,生产效率也会随之提高。但专业化水平越高,银行内部各部门的沟通与协调就会产生更多的交易成本,矛盾和冲突也会相应增加。并且,股东、董事会、经理层和员工各自的立场和利益诉求也存在一定差异,国有银行、民营银行和外资银行在企业文化和管理习惯上也有较大差别。为了使混合所有制企业真正发挥效率,使各种所有制资本取长补短、充分发挥各自比较优势,资源充分配置,协调的作用至关重要。建立完善的协调机制能够减少交易成本、营运成本、提高银行经营管理效率,更有利于中国国有商业银行实现市场化。另一方面,商业银行的运营处于整个社会环境之中,并且在金融市场中占据主导地位。一味追求自身利润最大化可能为其他利益相关人带来负面影响,出现侵害消费者权益、忽视劳动者权利、扰乱市场竞争秩序等社会矛盾,不利于国有商业银行的长远发展,因此协调其他利益群体也是公司治理应当重视的问题。股东和经理的关系不是公司治理考虑的唯一问题,除此之外,相关利益者还包括了其他金融机构、银行职员、储户、政府等其他各方。因为不同利益相关者对企业的贡献程度以及企业对其的依赖程度不同,各自的出发点和利益诉求往往有所差异,甚至产生利益冲突。比如股东所追求的自然是企业利润最大化以实现投资回报,债权人则关注企业的财务状况和偿债能力,而企业员工则期待劳动报酬的增加和福利待遇的改善等。这些利益群体或是在企业中投入了专用性资产为企业经营承担一部分风险,或是为企业的决策和行为付出了代价,那么就有权参与分享企业的剩余控制权和剩余索取权。这就要求国有商业银行在进行混合所有制改革时要协调其所发生的利益冲突的情况,重视众多利益相关者整体利益的协调与平衡,实现社会最优和企业最优的一致。在企业的生产经营中,有一些利益群体通过直接或者间接投入专用性资产而保持与企业的密切关系,被称为"显性利益群体",为实现企业的经济效益有显著贡献。还有一部分利益群体虽不直接参与企业的生产经营,但会受到企业活动的影响并付出代价,被称为"隐性利益群体",主要体现了企业的社会效益。"显性利益群体"通常会受到充分关注而被优先满足利益要求,而"隐形利益群体"则经常被忽略,处于弱势地位,当后者的利益不能被满足时,就会引起抗议和抵制,动摇社会对企业的信心。随着企业制度的完善和日益激烈的市场竞争,要求企业具有较强的社会责任意识,不仅要对股东权益负责,同时要对员工、消费者负责,对社会、资源环境负责,利润的创造不是企业的唯一目标,对社会的贡献也是企业价值的体现。国有企业更应该模范履行社会责任,在诚信经营、资源环境保护、维护职工权益、支持公益事业等方面,发挥制度优势,做出显著贡献。

6.1.4 中国国有商业银行混合所有制改革中的博弈分析

进行国有商业银行的混合所有制改革,目的是通过进一步优化股权结构使国有资本更好地保值、增值,提高资源利用效率,推进制度与机制创新,实现企业利益最大化和社会价值最大化。企业的股权结构通常有以下三种情况:第一种是股权高度集中,企业中的第一大股东持股占比一般超过公司股份50%,对企业的经营决策具有绝对话语权,这种股权结构的企业所有权和经营权比较统一,同时有利于增强管理监督力度;第二种是股权集中度适中,这样的企业中第一大股东的持股比例未超过50%,但可以根据协议规定掌握企业的实际控制权,同时企业中也存在其他大股东,在这种股权结构模式下,其他大股东因为也有较高的持股比例,所以积极参与经营管理事务;第三种是股权结构高度分散,在这样的企业中股东数量众多,但普遍持股比例偏低,单个股东的持股比例一般不超过10%,这种企业所有权和经营权分离得更为彻底,有利于民主决策和实现权力制衡,但这种模式容易出现内部人控制问题。

企业的股权结构对决定企业的类型、股东的利益格局、组织结构、经营管理模式和企业的发展方向均具有重要影响。同时,不同的股权结构都有其自身优势与劣势,进行混合所有制改革的过程中,国有企业确定最优配比的股权是改革中的一个关键环节。考虑到金融业因其特殊性质在国民经济中的重要作用和我国市场经济发展的客观需要,中国国有商业银行股权改革中的一个重要原则是保持国有控股地位不能动摇,在此基础上适当降低国有持股比例,引入民营资本、积极发挥战略投资者作用,有效实现权力制衡。下面将利用博弈论对中国国有商业银行的股份控制权进行分析和探讨。

6.1.4.1 国有股份绝对控股

当企业股权高度集中且国有股份掌握绝对控股权时,国有股东与民营股东、境外战略投资者会存在利益冲突。在企业中所有权和经营权相对比较统一,持股比例较大的国有股东可以拥有企业的经营控制权,其收益来源包括控制权收益与剩余索取权,控制权中又包含了货币收益和非货币收益。但企业的剩余索取权是其他股东的唯一收益来源,中小股东的利益会因这一收益的减少而遭受损失。假设国有股份绝对控股的混合所有制银行要对一个项目进行投资,如果项目成功启动,将产生收益 $R,R = I + P + M$,I 代表项目投资成本回收,P 代表项目启动给企业带来的净利润,M 代表控制权收益。如果将国有股东的持股比例定为 α,那么其他民营股东和战略投资者等的持股总和为 $1-\alpha$。在项目的运营中中小股东可以获得的收益是 $(1-\alpha)P$,而掌握绝对控股权的国有股东能够实现的收益是 $\alpha P + M$。在进行投资之前,由于信息的不完全性和有限理性,无法确定 P 和 M 的准确值,只能知道其概率分布。假定 P 的概率密度为 $\theta(P),P \in [P_1,P_2]$,其中 $P_1 < 0, P_2 > 0$。控制权收益的概率密度为 $\varphi(M)$,$M \in [P_1,P_2]$,其中 $P_1 > 0$。当国有股东掌握绝对控股权和经营权时,其所做出的投资决策和经营决策主要是依据自身的利益情况,但这就有可能会损害到其他股东甚至企业的整体利益。但在这种股权结构下,让第一大股东意识到自己的决策或自己代理人的经营策略有失误是存在较高成本的。同时,虽然做出的投资决策可能是个错误并给企业带来利益损失,但国有股东能凭借其绝对控制权在项目当中获得额外的控制权收益,投资失败的风险和损失却有其他股东与之共同分担,这种收益和损失不对等的情况有可能会导致国有股东的道德风险问题。国有股份绝对控股情况下的控制权博弈如表6.1所示。

表6.1 国有股份绝对控股情况下的控制权博弈

股东	$P<0$, $\alpha P+M>0$	$P+M<0$, $\alpha P+M>0$	$P<0$, $\alpha P+M<0$	其他情况
国有股东	投资	投资	不投资	决策一致
中小股东及公司价值	不投资	不投资	投资	

根据以上分析,当混合所有制银行由国有股份绝对控股时,"一股独大"的国有股东可能会以牺牲中小股东或公司利益为代价来获取控制收益权,这不利于国有资本的保值与增值。在国有商业银行的混合所有制改革中,如果国有资本坚持绝对控股的地位,民营资本和境外投资者可能会怕股权受到侵害而对入股国有银行望而却步。另外,在股权高度集中的企业中,可能会出现大股东对代理人"过度监督"的情况,这很有可能会抑制高层管理人员的积极性和创造性,不利于提升银行绩效水平。

6.1.4.2 国有股份相对控股

混合所有制改革的一个重要目标就是改变国有股"一股独大"的问题,完善企业法人治理结构,有效实现权力制衡。当银行股权集中度适中时,存在若干大股东,以自身利润最大化为基本依据做出经营决策。这种股权结构可能出现两种局面,一种局面是均有较高持股比例的大股东们通过合谋形成同盟,在经营决策中保持一致,这就等同于他们以联合的方式成了银行的绝对控股股东,其自身的利益可以得到充分实现,但不排除会伤害其他小股东的权益;另外一种局面是这些大股东们不能通过结盟实现统一的行为目标,各自独立行动,这样在彼此之间就会存在监督与制衡,有效防止小股东的利益受损。可见,在相对控股企业中博弈的关键问题在于大股东们是选择"共谋"还是"监督",其既会影响其自身利益实现,也会关系到企业的利益与发展。假设一个公司没有绝对控股股东,有三个股东 A、B、C,对公司控制权取决于各自持股比例。持股比例分别为 α、β、γ,且 $0.5>\alpha>\beta>\gamma$,$\alpha+\beta+\gamma<1$,其中,$1-\alpha-\beta-\gamma$ 的份由众多小股东所有。这三大股东都是相对控股股东,彼此之间相互制约、相互影响。依据持股比例确定 A 为第一大股东国有股东、B 为第二大股东境外战略投资者、C 为第三大股东民营股东,但同时国有股东根据协议对公司进行经营管理,拥有实际控制权。因此,股东 A 会在利益驱动下毫不犹豫地选择以牺牲其他股东的利益换取自己的超额利润。B 和 C 因为持股比例较高,不会出现"搭便车"情况,而会积极参与公司事务。股东 B 和股东 C 可以选择与 A 合谋攫取和分享小股东权益,也可以选择对 A 进行监督与制衡,防止 A 做出侵害小股东利益的行为。可见,股东 B 和股东 C 作为股东博弈的主体,他们的选择在相对控股的企业中意义非凡。这种股权模式中通常存在以下三种局面:一是股东 B、C 都选择与第一大股东合谋,股东 A 缺乏监督;二是股东 B 或 C 其中一方选择合谋,与第一大股东组成同盟,另外一方选择对其进行监督;三是股东 B 与 C 都选择对股东 A 进行监督制衡。实际情况是,在不同的情形中股东 B 和股东 C 的净收益会受到各种因素影响,纳什均衡难以实现。但能够确定的是,如果从保护小股东利益和公司价值实现的角度出发,无论两个大股东中的一个选择合谋还是监督,另外一方都应当选择监督。

经过对国有股份不同程度控股权的控制权博弈研究,控股比例以多大为宜实际并无固定标准,主要看股权分散程度和企业重要程度。一般而言,股权越分散,股东人数越多,控股所需要的持股比例越低,反之则应高些。在中国国有商业银行的混合所有制改革中,应该进一步引进民营资本和境外战略投资者,使国有股份在股权结构中处于相对控股,这样不仅会提高国有资本的控制规模,保障国有股份对经济命脉的控制权,还能通过降低代理成本有效提升银行的经营效率和国际竞争力,实现国有资产的保值与增值。

6.2 中国国有商业银行混合所有制改革风险防范

国有商业银行进行混合所有制改革可以同时发挥国有资本和民营资本的各自优势,组成混合所有制企业可以提高企业的整体效率,即"1+1>2"的协同效应,包括规模经济效应和范围经济效应。发展混合所有制经济有利于国有商业银行加快充足资本、优化资源配置、提升经营能力、形成规模效益,增强企业竞争力。但与此同时,混合所有制改革也是把"双刃剑",在改革过程中存在诸多风险,也可能给企业带来巨大损失。根据成本-收益分析可知,只有在改革总收益大于改革总成本前提下,才可以实现国有商业银行混合所有制改革。否则,就不会发生改革。因此,在总收益一定的条件下,要大力降低总成本;另一方面,在总成本一定条件下,要大力提高总收益。但是,混合所有制改革之路并不是一帆风顺的,国有企业和非国有企业在组建新企业或者并购过程中主要经历三个阶段:前期的信息收集和接洽,中期的谈判与合同签订和整合后的经营和管理。在三个阶段中都存在一定风险,这些风险如果不予以控制与规避,会大大增加成本,阻碍混合所有制改革的进程,甚至会导致国企改革的失败。发展混合所有制面临的风险主要包括以下几种。

6.2.1 发展混合所有制的价值风险

在发展混合所有制经济的前期信息收集和接洽阶段,国有企业和非国有企业的价值风险主要体现在两个方面,一方面是缺乏对自身资产的合理评估,导致以严重低估的价格出售企业,造成国有资产流失。国有资产流失由主客观原因造成,主观原因是管理层缺乏责任心,为了减轻自己负担和"后患"而低估国有资产,还有领导人因腐败,在资产评估和产权定价环节暗箱操作,通过关联交易、利益输送等方式侵占国有资产,甚至在改革改制重组的过程中出现集团式打包侵吞;客观原因是国有资产中的专利、品牌价值、商业信誉和创新能力等极具价值和增值潜力的无形资产很难被准确评估,致使国有资产流失。价值风险的另一个体现是在混合所有制改革中,信息不对称问题普遍存在。国有企业对民营企业和外资企业的实际经营情况、存在问题和发展前景很难清楚掌握。多数信息来自企业公开的财务报表、年度报告,这些信息的真实性和客观性有限,而管理水平、员工素质等无形资产也难以被财务报告和公司市值直观反映。因此,在组建混合所有制企业前,对目标企业进行充分调查,并对收集的信息进行深入分析,去伪存真,才能有效防范价值风险,维护企业利益。

6.2.2 发展混合所有制的决策风险

发展混合所有制经济有利于使各种所有制企业根据自身优势获取所需资源,优势互补,相互促进。但在组建混合所有制企业的谈判和签约过程中,除了资源分配外还有其他很多问题需要讨论。所谓的决策风险是指在国有企业和非国有企业在就企业的战略目标、经营模式、员工安置、权利义务、推出机制等问题进行谈判时,由于主客观原因导致有些关键问题未被谈及或者明确落实,决策的失误导致了后来在经营过程中出现纠纷和风险。决策风险产生的客观原因是契约的不完全性,所谓的契约不完全性是指契约不能做到完备的程度,因为信息的不完全和交易事项的不确定性,在签订合同时,无法预测所有可能出现的情况,有限理性和机会主义的存在又可能会使合作双方对同一表述有不同的理解,第三方对契约的履行可观察却不可证实或强制其加以执行。同时,决策不仅仅只是一个客观过程,还涉及大量的个人的情感以及价值判断等主观因素。有的企业的管理者可能会受到个人目标、经验的影响,不能对谈判底线、和基本策略在事先充分考虑,又未聘请专业的财务顾问和法律顾问参与谈判,以致在谈判过程中忽略了对一些关键问题的探讨,会导致在经营过程中的"扯皮"和纠纷。还有管理者缺乏风险防范意识,未能将谈判过程中已经达成共识的相关事项清楚、全面、准确地列明,没形成控制性文件就不能对合作双方在未来经营过程的行为加以法律层面的规范和制约。

6.2.3 发展混合所有制的整合风险

整合风险主要是指在企业进行混合所有制改革后的实际运营和管理过程中,对双方企业的有形资产和无形资产的整合出现的不确定性带来的风险。在企业资产的整合过程中要特别重视资产专用性的重要影响。资产专用性的产生主要是由于沉淀成本的存在。因为沉淀成本导致了资源不能充分流动,在整合后不同所有制经济会对资产专用性高的生产设备的所有权和利益分配问题格外关注,处理不当便会引发争议和冲突。无形资产包括企业的品牌形象、消费者忠诚度、企业文化和管理技能等。混合所有制企业要想真正实现"1+1＞2"的整合效应,需要使国有企业和非国有企业在观念、文化和管理风格上都协调统一。在管理风格和管理手段方面,国有企业的管理人员通常有行政级别,有一定程度的制度优越感,和"官本位"观念,在经营管理中也习惯寻求上级领导的指示。而有些非国有企业因为是家族企业,在管理上随意性较强,不够规范,导致管理素质参差不齐。两者在整合过程中或多或少会存在一定的冲突。在文化方面,不同所有制企业由于其战略目标、品牌特点、经营理念、企业规模和员工构成不同,在其运营发展中会逐渐形成不同的文化特点和价值观念,所以,每个企业的文化内涵和外延都不尽相同。而企业文化潜移默化地影响着员工的心理状态和行为方式,不同文化的成员可能在协作中由于不同的核心价值观而达不到良好的效果。根据科尼尔管理顾问公司对欧美和亚洲的115个并购案例的调查数据显示,企业的文化差异是导致混合失败的首要因素,因此文化整合和提升是混合所有制改革中应当关注的重要问题。所以国有企业既要对自己的核心价值进行沉淀与保护,维护核心竞争力,也要结合双方的优势,取长补短,建立新的文化理念体系,将重组前不同的优秀文化共性特征加以传承并发扬光大,通过企业文化与环境、管理各要素的有机结合,带动企业发展战略顺利实现。

第7章 深化中国国有商业银行混合所有制改革的对策建议

中国国有商业银行混合所有制改革的最终目标应该是全面实现市场化,实现市场化不仅是我国社会主义市场经济发展的内在要求,也是抵御外来风险,增强自我防范能力的重要手段。转型期国有企业存在的众多问题,主要是由于市场不完善、不成熟造成的,这涉及市场主体、市场体系、市场环境等诸多方面。因此,实现市场化要从上述几个方面入手。

7.1 培育真正的市场主体,推进混合所有制发展

合格的市场主体是完善市场的首要条件,没有市场主体的市场化,也就不会有真正的市场。长期以来,我国社会主义市场经济建立在市场主体缺位或错位的基础之上,这也是导致市场失灵的症结之一。与国有企业相比,非国有企业产生于市场经济也依赖于市场经济,市场化程度更高,从这个意义上来说,加强市场主体建设,进一步增强市场主体的内生动力尤为重要,将中国国有商业银行培育成合格的市场主体主要有三种办法。

7.1.1 深化产权多元化改革

国有企业投资主体多元化的一个最基本前提是国有资本的市场化,从一般意义上说,国有资本与其他资本类型的一个重要区别就是经营目标的不同。其他市场化程度较高的社会资本均以利润最大化为经营目标,但社会主义国家的国有企业是社会公众利益的代表,其主要目标是社会福利最大化,是非市场的

利益追求。国有企业只有使其自身的运作符合市场经济规律,充分发挥价格机制、供求机制和竞争机制对资本市场的调节作用,才能实现国有资本的保值增值,更好地完成将国有企业做大做强的历史使命。这一目标的实现需要改变国有资本的管理方式,摒弃原来传统的行政手段,辅以灵活有效的经济手段以充分发挥市场绝对性作用,使对国有资本的使用更符合市场经济的基本要求,体现公平、效率、清晰及透明等原则。

企业行为的市场化程度与企业产权关系是否明晰有着密切联系,模糊的产权必然会导致企业所有者经营目标难以明确,形成非市场的利益追求。因此一直以来,产权清晰都是国有企业改革必须涉及的首要问题。发展混合所有制经济,引入其他集体资本民营资本和境外资本等参与国有企业产权多元化改革有利于改变我国国有企业产权模糊化的问题。我国国有商业银行混合所有制改革,可以积极引入境外资本和民营资本。根据我国国有商业银行股权结构数据可知,截至2015年,外资股占比情况大致如下:中国银行、中国建设银行和中国工商银行境外投资者参股比例在25%到36%之间,中国农业银行外资股比例偏低,不足10%。整体来看,我国国有商业银行由于金融服务业的特殊性质和国家政策限制,境外战略投资者参股比例不高。在日后的改革中,国有商业银行应当根据其自身经营情况和业务特点,进一步吸引外资,鼓励通过海外并购、投融资合作、离岸金融等方式,增加外资股比例。在扩大开放的同时,也注重加强监管,完善外资安全审查工作机制,做到既能切实维护国家金融安全,又能充分利用优秀境外投资者丰富的金融资源和先进的管理经验,有效提高银行的业务水平和经营能力,深度参与国际分工,增强国有商业银行的国际竞争力,提高资源全球化配置能力。另一方面,在民营资本占比方面,数据显示,到2015年为止,我国国有商业银行的民营股份占比极低,均在1%以下,可见鼓励民营资本参与国有企业改革对进一步推进混合所有制经济的发展意义重大。吸引民营资本加入国有商业银行必然会营造一个双赢的局面,国有资本的雄厚实力和信誉为民营资本提供坚实后盾,而民营资本的经济活力和创新能力也为国有资本增加动力,随着国有资本和民营资本合作的深入,将建立更为紧密和稳定的银企关系,有效提升国有商业银行的抗风险能力。境外资本和民营资本进入国有商业银行的主要方式可以是出资入股、收购股权、认购可转债和股权置换等,参与银行经营管理。不同的投资方式会对企业法人资本金、股权结构、资本结构以及现金流等各方面产生不同的影响。在合作方式方面，还可以通过开展政府和社会资本合作（PPP），促进混合所有制经济发展。

深化国有商业银行产权多元化改革，不同所有制资本能够在技术、管理、资源和文化等方面发挥各自优势，有利于产生资本集聚效应。减少国家持股比例，可以在有效减轻国有商业银行的政策性负担，缓解软预算约束问题的同时，形成有效制衡、运转协调的公司治理结构，提高其经济效益水平，最终使国有商业银行成为公众持股的现代化金融企业。

7.1.2 完善现代企业制度

目前，国有商业银行的公司法人治理结构仍存在一定问题，董事会作用不能充分发挥，"一把手"说了算的现象依然存在，银行管理人员的选聘和管理市场化程度不高，企业内部的勤酬制度也需要继续完善。因此，我国国有商业银行要成为合格的市场主体，还需要进一步健全公司治理结构、加强现代企业制度建设，主要可以从以下三个方面入手。

第一，健全公司法人治理结构。健全公司治理结构是建立现代企业制度的核心，而董事会制的完善则是公司治理结构改革的核心。只有依法将董事会、经理层的诸项职权落到实处，充分发挥"新三会"各自的决策权、监督权和执行权，做到决策、监督和执行职能分离，各部门互相配合且互相监督，才能保证建立权责对等、协调运转、有效制衡的法人治理结构，使国有银行成为真正独立的市场主体。除了维护依法行权，还要加强董事会内部的制衡约束，在国有商业银行进行混合所有制改革的过程中，尤其要防止出现大股东对小股东的"道德风险"和"逆向选择"带来的问题使小股东利益被侵害现象，切实维护非国有资本投资者的话语权，保障其合法权益，做到同股同权，让民营资本和境外资本在参与混合所有制改革时没有后顾之忧。为确保董事会认真履行职责，可以优化评价机制，科学合理评价，依法有效追责，做到公平合理，依法合规。董事会于经理层的行政级别应当逐步淡化，在混合所有制改革中，分离企业的所有权、决策权和经营权是重要目标，这就需要树立经理层向董事会负责，董事会向股东大会负责的意识，体现"三权分立、相互制衡"的公司治理理念，银行各主体各司其职，有效沟通，互相支持，形成高效运转、有效制衡的决策执行监督机制。最后,应继续加强外部董事队伍建设,逐渐加大外部董事占比,拓宽董事来源渠道,邀请职工代表、民营企业家和专业人士进入董事会也能够加强对国有银行的制衡约束,提升经营能力。

第二,分类分层管理领导人员。公司治理中的各层领导人员的选拔和任用也是完善现代企业制度中的重要一环。首先,在管理人员选拔方面,要逐步确立分类分层管理制度,改变从前的集中化、模式化的管理模式,根据不同岗位特点,在选拔、培养、测评和监管过程中实行差异化、类别化的管理机制。根据国有企业的特殊性质,将加强党的领导和健全公司治理结构有机结合,形成层级权限明确、权力运行规范、治理结构健全、权责对等到位的管理体制。在管理层的选任上,还要大力推行职业经理人制度,按市场化方式选聘和管理职业经理人,促进国有商业银行管理人员的市场化、职业化发展,既注重银行内部人才培养,也要积极从外部引进优秀管理人员。同时,建立有效退出机制,摆脱曾经国有企业领导人员能上不能下的局面,增强领导人员竞争力,提升干部队伍活力,从而增强国有银行的创新意识和业务能力。国有商业银行在进行混合所有制改革过程中,也可以通过实行高管持股制度和员工持股制度来提升银行绩效。当银行管理人员拥有银行的部分所有权时,其自身利益目标和银行利益目标便容易达成一致,银行高管为增加自身的利润分享,会更有动力提升银行的经营绩效。当然,为防范道德风险,也应建立相关配套的约束措施,建立合理的考评指标,科学确定持股比例。一些发达国家已经证实了员工持股制度对企业的激励效果,但我国商业银行规模大、员工多,推行该制度有一定困难,所以各商业银行可以根据自身的实际情况,逐步制定推行计划。

第三,完善薪酬分配制度。国有商业银行的混合所有制改革要坚持市场化的改革方向,就应该建立更加科学合理的薪酬分配制度,与社会主义市场经济相适应。在构建收入分配体系时,要做到兼顾激励与约束、平衡效率与公平,在符合现代企业的一般规律的同时又体现国有商业银行的地位、功能和自身特点。完善薪酬分配制度,要健全工资决定和正常增长机制,做到既要能够客观反映劳动力市场供求关系,又要与企业经济效益和劳动生产率紧密挂钩。同时还要推进全员考核评价分配奖惩机制,逐步推进全员绩效考核,避免"平均主义",按照不同岗位员工的具体贡献,建立科学合理的评价指标体系,以工作业绩为导向,实现收入分配个体化、差异化,做到员工收入可增可减,奖惩分明。

7.1.3 建立综合化经营模式

首先,国有商业银行可以根据国家政策指导和自身经营特点,设立资产管理、债券承销等专门部门,开展非牌照类投行业务。借助这些与资本市场相关的部门,银行可以进行各类经纪交易和自营交易,通过赚取业务佣金、手续费和投资收益来增加银行的收入。现行的分业经营模式,从政策上限制了银行从事那些内设部门缺少业务牌照的证券业务、保险业务和信托业务等。但实际情况中,也有不少股份制银行逐步涉足以上业务,国有商业银行也在不断通过各种途径对非金融业务进行探索。

其次,国有银行可以和其他非银行金融机构进行合作,充分利用这些金融机构在客户管理、销售渠道和产品组合等方面的优势,进一步拓展利润空间,改善自身的收入结构。银证合作、银保合作、银信合作等都是常见的国有商业银行和非银行金融机构的主要合作方式。银证合作是银行和证券公司签订合作协议,将票据资产等信用类资产转移到表外。狭义的银保合作主要指银行以代理人的身份为保险公司进行保险销售,广义上说,是银行和保险公司为满足客户多元化、个性化的金融需求,在产品和服务的开发上,共同协作,在产品和服务的销售上,共享渠道,从而实现在金融市场上的互惠互利。所谓银信合作,是指银行和信托公司签署合作协议,在此合作模式下,银行可以发挥其资金雄厚、客户资源丰富的优势,信托公司则能用其灵活的资金运作方式帮助银行的资金通过表外业务实施运作。银信合作有利于实现金融服务的多元化并促进金融工具的创新,银行、信托公司和客户均能从此模式中获益。

最后,国有商业银行可以在国家监管政策允许的范围内,通过设立控股子公司的模式开展混业经营。控股子公司可以拓展业务空间,全面涉足证券、保险、信托等领域,有利于提高商业银行的资本管理能力和盈利水平。目前,国有商业银行为逐渐改变过度依赖存贷业务经营模式,适应金融环境变化,丰富金融产品供给,均开始了以设立控股子公司的方式逐步开展综合化经营。2016年11月,中国农业银行发布公告,投资100亿元人民币设立全资子公司——农银资产管理有限公司。2016年12月,中国工商银行通过了出资120亿元人民币设立工银资产管理有限公司的决议,用以进行债转股业务的开展。同月,中国银行也通过了以投资 100 亿元人民币在北京设立全资子公司——中国银行资产管理有限公司的决定。2016 年 12 月,中国建设银行也设立了注册资本为 120 亿元人民币的全资子公司——建信资产管理有限责任公司。

7.2 构建现代市场体系,推进混合所有制发展

我国社会主义市场经济体制的目标是构建"统一、开放、竞争、有序"的市场体系,但市场不完善一直是我国市场化道路中的重要阻碍,也是导致市场失灵的重要原因。市场体系一般由产品市场和生产要素市场两部分构成,我国的产品市场的市场化程度要高于生产要素市场化程度,所以生产要素市场化是我国经济改革的重点内容。同时,产权交易市场不完善也会严重制约混合所有制经济的发展。建立完善的产权制度,关键要将国有产权纳入市场调节的范围,混合所有制改革的核心是市场化。国有商业银行的混合所有制改革应该遵循市场规律,完善交易平台,降低交易成本,通过市场手段引导混合所有制经济发展。推进混合所有制改革应由市场主体权衡交易成本和产生协同效应,根据市场规律自行决定是否组建混合所有制企业,而不是由政府主导进行强制性的改革。因此,要构建健全的市场体系,推进混合所有制发展,应完善产品市场、生产要素市场和产权交易市场,其中尤为重要的是完善产权交易市场、经理人市场和融资租赁市场。

7.2.1 完善产权交易市场

产权交易市场的主要功能是将国有资本、集体资本、民间资本以及境外资本等不同主体间的资本进行科学、有效的配置和重新组合,以确保产权顺畅流转、提高资本转让率,满足企业的融资需求。我国的产权交易市场从产生、发展到现在,在交易范围、交易品种、交易规则和法律制度方面都取得了一定的成绩,但还存在诸多不足。我国产权交易市场目前仍然存在市场化程度不高的问题,主要表现有:价格机制不健全,国有资产的评估价格缺乏弹性,不能充分发挥价值发现与价值实现功能;产权交易手段行政化,"拉郎配"和进场交易约束

软化问题很常见；交易规则壁垒、利益保护壁垒和市场天然壁垒等产权交易市场壁垒情况严重，造成了市场割裂现象；信息披露方面操作不规范，严重影响各地产权市场之间的信息交流和资源流动。以上这些方面影响了我国产权交易市场的规范运行，降低了交易市场效率，阻碍了混合所有制经济的发展，因此应当完善产权交易市场，全力打造有利于混合经济发展的产权交易平台。完善我国的产权交易市场，推进混合所有制经济发展要做好"统一、开放、竞争、有序"四个方面的工作。

第一，要打造"统一"的产权交易市场。所谓统一，是各地区内部的统一、区域的统一乃至全国产权交易市场的统一。首先是各地区应结合自身情况建立规范、统一的产权交易市场。在此基础上，逐步形成区域产权交易市场，不断推进区域市场一体化，促进信息和资源的流通和共享。最后实现全国产权交易市场的统一。可以利用"互联网＋"开发混合经济产权网络交易系统、搭建混合所有制经济电子商务平台，通过网络交易平台使产权交易突破时间、地域的限制，实现产权交易电子化、网络化、信息化，将信息工具与市场机制有机结合，提高交易效率，降低交易成本。逐步建立起整合全国范围内融资项目资源的服务网络，同时完善国有资产产权交易信息监测系统，搭建统一的市场信息平台，做好信息披露、信息监测和信息反馈工作，努力做到统一发布交易信息、统一交易规则、统一交易数据的统计口径，最大效率地整合各种资源，充分发挥资源效能。

第二，要建设"开放"的产权交易市场。建立一个开放的市场，要同时做好对内开放和对外开放工作。对内开放是指放开政府对市场的过度干预，发挥市场的基础性调节作用，逐渐消除因行政管控产生的市场壁垒。信息披露是市场化运作的重要前提，是市场供求双方做出合理决策的基本保证。产权交易市场的信息不对称，提高了交易成本，市场参与者的市场主体地位也得不到应有的保障。信息披露制度不健全的市场，不是开放的市场，因此，做好对内开放，一定要做的就是规范信息披露，既要及时向公众发布相关信息，更要确保信息的真实性和完全性。同时加强产权交易市场的配套服务，根据产权交易的需要，构建产权交易中介服务体系，为混合所有制经济的产权交易提供法律事务、中介评估、资产担保、产权公证等"一站式"服务，不断提高国有资产处置市场化程度，促进市场平衡运行。对外开放是指产权交易市场应该透明化，自觉接受国资监管机构、行业协会和公众的监督，成为名副其实的阳光下的交易。

第三，要建设"竞争"的产权交易市场。完全竞争市场有四个构成条件：一是买者和卖者数量众多，且所有人都是市场价格的接受者；二是交易的产品或者服务是无差异的；三是资源可以自由流通，不存在市场壁垒；四是信息是完全的，买卖双方在进行交易时无须考虑信息成本。虽然这些理想条件是现实经济生活中无法满足的，但可以尽量去消除影响市场竞争的因素。比如，国有产权的转让必须要按法定程序进行资产评估，使资产价值被交易价格真实反映，避免场外交易造成的国有资产流失。再如，各地区通过统一交易市场运行规则消除交易规则壁垒，通过进一步减少行政干预消除利益保护壁垒等。还可以通过媒体手段、网络技术搭建混合所有制经济产权交易诚信平台，建立网络诚信系统，产权交易信用数据库的形成，可以减少信息不对称导致的道德风险问题，有效促进交易双方有序竞争，平等交易。

第四要建设"有序"的产权交易市场。市场规范有序运行是保证市场效率的重要基础，市场经济是法制经济，完善的法律制度则是协调市场主体行为的重要基础。根据西方发达国家的先进经验，完善产权交易的法律制度往往有三个方面需要考虑，分别是公司法、反托拉斯法和证券法。目前我国的法律制度仍然不够完善，我国产权交易市场中存在的价格形成机制不完善、市场割据、信息披露机制不合理的主要原因也是法律制度的不健全，虽然中央和地方陆续出台了一些政策法规规范产权交易市场的主体行为，但缺少全国性的产权交易法，以至于各地产权交易市场秩序混乱，不利于产权交易市场效率的提高。因此，应该不断修正现有的法律法规，建立统一的产权交易法，在最大程度上为市场秩序的维护提供制度保证。产权交易市场还要为国有资产和非国有资产提供进入与退出通道。在混合所有制改革前，国有商业银行的控股权和决策权掌握在国家手里，市场的进入和退出都由政府决定，后续问题和风险也由政府承担。通过发展混合所有制经济，国有商业银行进一步深化产权多元化改革，政府逐步放开银行的控股权，将退出的决策权归还到众多股东手中，由股东大会进行决议，决定企业的进入和退出方案。除此之外，为保证市场的有序运转，还应该制定其他市场规则，包括市场竞争规则、市场交易规则和市场仲裁规则等。

完善产权交易市场，丰富了我国多层次的资本市场建设，既可以增加国有企业的资产流动性，也有利于解决非上市股权交易中股权归属不明的问题。资本的充分流动有利于盘活国有资产存量，促进国有资本和非国有资本的完美融合,完善的产权交易市场可以提高国有资本和其他社会资本流动、重组的市场化水平,促进混合所有制经济的健康发展。

7.2.2 完善经理人市场

在几十年的市场化改革过程中,我国生产要素的市场化程度始终低于产品的市场化程度,而劳动力市场在整个市场体系中居于重要地位。要坚持市场化改革,就要继续深化国有企业的内部用人制度,完善经理人市场,健全管理人员公开招聘、竞争上岗制度是国有商业银行发展混合所有制经济的重要任务。

完善经理人市场有利于推进国有商业银行混合所有制改革。职业经理人的战略眼光、领导才能和管理能力在混合所有制企业中起到了举足轻重的作用,提高混合所有制董事会的治理水平需要高度专业化的独立董事,而此类人才正是应该来自高度职业化、市场化、专业化、国际化的经理人市场,并接受经理人市场的激励与约束。我国需要加大对经理人协会的投入和管理,完善规范统一的职业经理人培训体系,制定科学合理的经理人资质评价指标,逐渐形成一个透明、准确、全面的经理人信息库,使市场竞争机制在国有商业银行的领导人选用中充分发挥作用。国有企业在人事任命存在的主要问题是常以行政指令安排领导人员,管理层的个人利益和企业的经营目标未能挂钩,这不利于企业创新能力和经营能力的提升。因此,应该实行管理人员市场化公开招聘制度,引入竞争机制,根据管理人员的职业素养和业务能力,匹配与市场相符的薪酬水平,同时也鼓励银行业绩突出、能力优秀的内部员工通过内部竞聘的方式竞争上岗。国有商业银行的经理人的评价和选拔要同时接受银行的内部激励和来自经理人市场的外部激励。内部激励主要是按照经理人对企业的贡献制定薪酬水平,使经理人的自身利益目标和企业的经营目标趋于一致,减少道德风险问题。外部激励的主要方法是打造一个有效的银行经理人市场,在完善的经理人市场中,管理人员可以通过个人业务能力和经营业绩建立良好的声誉,反之,如果在原工作岗位中被淘汰,那么经理人市场对其的评价也将做出相应调整,会对经理人的职业生涯产生影响。完善的经理人市场对加强管理人员的责任心,提升业务素质有良好的作用。

同时,在员工层面也形成市场化用工制度,员工招聘工作应该透明化,接受企业、职工和社会各界的监督,以公开、平等、竞争、择优为原则,不设置歧视性、排他性录用条件,对企业员工亲属或其他利益相关者不降低录用标准,防止出现任人唯亲的不正之风和腐败行为。员工的考核工作,应该根据不同工作岗位的特点建立科学、全面、合理的绩效测评体系,采取动态管理,根据员工的工作能力和对企业的贡献核定职位与薪酬,优胜劣汰,真正形成国有商业银行各类管理人员可上可下、员工能进能出的合理流动机制。只有建立符合现代银行制度、满足市场需求的用人机制和市场化薪酬制度,才能有效推进国有商业银行的混合所有制改革。

7.2.3 完善融资租赁市场

推进国有商业银行混合所有制改革,要繁荣租赁市场和二手市场,尽量减少资产专用性程度。建立良好的资产转移和流动机制有利于解决资产不能充分流动的问题,降低进出壁垒,防止各种所有制经济"进得去,出不来"。对于资产专用性较强的资产,要合理平衡资产专用性和所有权分配的关系,避免不同所有制企业在利益分配上出现不公平待遇。融资租赁业结合混合所有制经济是创新企业管理模式的体现。第一,机构设置公司化,法人管理股份化,外包服务专业化:经营方式决定企业的资产与人才结构、负债能力、盈利模式、税收适用、管理模式。根据企业的经营方式、核心竞争力和发展阶段,决定股权结构和企业机构的设置。根据经营方式、管理方式的不同和税收的适用,将职能部门、利润中心公司化。第二,资源配置核心化、财产观念权能化:重使用,轻所有;融资租赁是运用市场机制配置资源的最重要的经济管理制度。第三,简化股权公司的财务管理,提高经营透明度,通过租金调整股权公司的盈利,均衡股权公司的税负。

大力发展融资租赁业是体现我国基本经济制度、发展混合所有制经济的战略举措,它遵循了物权法原则,可以平等保障物权人合法权益,发挥市场机制以合理配置资源,促进各种所有制经济平等竞争。

7.3 营造良好的外部市场环境,推进混合所有制发展

市场不是万能的,在市场失灵的情况下,政府应当履行其职责去帮助降低混合所有制改革中出现的交易成本,防范在各个环节出现的风险。在国有商业银行的混合所有制改革中,政府要力争为其提供一个健康的市场环境,做好监管和服务工作,完善法律制度,建立创新机制。

7.3.1 完善监管机制

首先,要理清监管思路。传统的国资监管机构的主要任务是"管人、管事、管资产",管人指政府负责企业领导人的任命,管事指企业的主要经营决策由政府部门下达,管资产指重大资产的重组和处置工作也由国资监管机构一手抓。这种传统的监管模式在一定时期里对我国国有企业的改革起到过推动作用,在一定程度上实现了国有资产的保值与增值,但随着国有企业混合所有制进程的推进,产权多元化改革不断深入,这种监管模式已经不再适合。政府开始逐步交出绝对控股权,不以监管主体身份干扰企业的正常运作,将企业的重大经营决策权交付给股东大会,不同所有制资本的投资者可以更为充分地表达和实现自身的利益追求。在国有商业银行的混合所有制改革中,国资监管机构所监管的不再是一个国有企业,而应该监管投入到混合所有制企业中的国有资本。换句话说,管资本将逐步取代管企业,政府的监管任务不再是单纯围绕做强、做大国有企业,而应该是保证国有资本与其他资本在混合所有制企业公司化运营的博弈与竞争过程中的保值与增值。对其他非国有资本,国资监管机构也应理清思路。对于境外战略投资者,采取"宽进严出"的监管思路,一方面要在保证国家经济安全的前提下,适当放宽限制,同时加强监管,防止其为了追逐利润而发生的投机行为。另一方面,为确保外资投入时间和投资效果,应适当提高退出标准,抑制其在短时间内的退出意愿,使投资更为稳定,有利于国有商业银行的健康发展。对于民营资本,应该降低准入门槛,目前我国国有商业银行民营资

本持股率极低,相对境外资本的不确定性和投机性,民营资本更有助于提升银行的经营效率,增加银行的创新思想,所以应该进一步吸引民营资本的投入,提高资本充足率,为国有银行带来新的活力。

其次,要创新监管方式。随着国有商业银行混合所有制改革的推进,其运作越来越符合现代企业的特点,政府部门的监管手段和方式也应产生相应变化。传统的具体行政干预已经不再适用,监管部门应该通过督导的手段对企业运行进行监督,并根据不同银行的具体情况制定事前风险预警机制和事后量化分析机制,以弥补现场检查和非现场检查的不足。另外,可以逐渐开展混业监管,国有商业银行的经营模式已经越来越多元化,混业经营也已经是大势所趋,国资监管机构也应配备与之相适应的监管手段。在银行开展混业经营的初期阶段,相关规章制度仍有待完善,可以按照业务类别,对银行部门进行分类监管。这种监管模式可以将原有机构保留,避免重复建设,有效减少监管成本。但当分类监管不足时,由多部门各自开展监管工作,不利于信息的统一和流通,可能会增加信息成本。随着国有商业银行不断推进混业经营,国资监管部门可以进一步优化监管方式,逐步确立综合监管模式,成立统一的监管机构与国有商业银行新的经营模式相匹配,将银行、证券、保险和信托等部门统一监管,这就有利于资源配置和加强信息共享,统一的监管制度更有利于降低交易成本,防范危机的发生。

再次,要提高监管效率。在国有商业银行的混合所有制改革中,可以通过加强和改进外派监事会制度、强化专项监督、推动协同监督等措施提高监督效能。政府派出外派监事会对国有资本在混合所有制企业中的运用进行当期和事中监督,提高专业化监督水平。进一步健全国有资本审计监督体系和制度,既要实现国有资产审计监督全覆盖又要避免出现重复交叉审计的情况,有效提升审计监督效率。同时加强纪检监察监督和巡视工作,发现问题,及时查处,强化责任追究。逐步杜绝重复监督、多头监督等情况,整合监督力量,共享监督资源,构建监督工作闭环。为保证金融监管的效率和水平,还应切实提高监管人员的业务素质,可以健全监管资格职称等级制度、建立激励薪酬制度,根据市场要求,对监管人员开展法律、审计、外语和计算机等方面的培训工作,培养出更多知识面广、政治素养高、业务能力强的复合型监管人才。

在国有商业银行的混合所有制改革中,国资监管部门既要避免监管"越位",也要确保监管不"缺位",健全相关法律法规、不断优化监管手段,做到既不侵犯非国有资产,又确保国有资产的保值与增值,促进产权的充分流动,提高资源的配置效率。

7.3.2 健全法律制度

法制建设的落后既制约我国市场经济发展,又不利于我国经济与国际接轨。混合所有制经济的健康发展和改革的顺利推进,需要强化法律支持,完善保障性法律体系。党的十八届四中全会也明确提出,社会主义市场经济本质上是法治经济。首先,完善保障性法律体系有利于保障资本的公平竞争,当前除了一些自然垄断行业外,我国还存在着相当一部分的国有资产垄断行业,市场准入规制限制了其他资本的投入,容易诱发寻租行为,严重损害了市场自由竞争。在市场经济条件下,市场主体要求平等,法律就应当顺应市场经济要求,破除资本歧视性观念,对国有资本、民营资本和外国资本一视同仁,去除对非国有资本在准入规制措施设置上的歧视,消除若干现实和潜在的不合理壁垒,保障非国有资本的收益权。因此,既要进行统一性、原则性的立法规范,也要同时注重完善对特殊行业的准入规制立法。其次,完善保障性法律体系可在法律层面防范国有资产流失的风险。在混合所有制经济发展中,因在并购、转让过程中低估国有资产和经营中的内部人控制问题均会导致国有资产流失的风险。针对这种情况,应从法律层面完善公司制度,避免国有资本在没有控股权时的资产流失,加强对企业经营行为的监管,加大对国有资产流失的查处和惩罚力度。最后完善保障性法律体系能够简化公司建立手续,解决法律不一致问题并有效解决企业运用中出现的法律冲突。在混合所有制经济发展中,不同法律存在着一定程度的冲突,加之引入投资和法人治理结构的不同法律、法规会给企业带来麻烦,同时国有企业和非国有企业具有不同的治理机制和决策模式,在建立新的混合所有制企业以后,也会在发展战略和管理手段上出现矛盾和冲突。所以,要从立法层面完善开放股权投资主体多元化的法律规定,制定统一细则和办法,让不同所有制企业使用统一的《公司法》,为推进混合所有制经济创造统一公平的法律环境。

结论与展望

本书回顾了中国国有商业银行的所有制演变历史,总结了其在改革中所获得的成绩和尚未解决的问题。虽然中国银行业在金融制度变迁的过程中取得了一定的成功,但目前国有商业银行仍存在法人治理结构不完善、选聘制度市场化程度不高和综合竞争力不强等问题。发展混合所有制经济符合我国的市场经济现状,是建立健全现代企业制度的必经之路,有助于提高国有经济的活力、控制力、影响力和抗风险能力,有利于我国国有商业银行改革的深化、资源配置效率的提高和国际竞争力的增强。本书主要的研究结论和展望如下。

(1)中国国有商业银行产权改革成效显著

国有银行从一元化银行体系到专业银行的设立,再到股份制改革,中国国有商业银行所有制改革在产权多元化、引进境外战略投资者、建立现代企业制度和改善财务指标等方面都取得了不错的成绩。逐步建立了符合现代企业规则的产权制度,实现了从计划向市场的平稳过渡。

(2)进一步深化混合所有制改革势在必行

中国国有商业银行虽然在产权改革中取得了一定进展,但改革尚未完善,国有商业银行还存在股权结构不合理、治理机制不完善等问题没有解决。发展混合所有制经济是深化我国国有商业银行改革的关键路径,在改革中,企业、市场和政府都将从中受益。发展混合所有制经济有助于完善治理结构、提高经营能力,增强银行核心竞争力;有利于打破金融业行政性垄断,转变政府职能,保持银行业充分竞争;有利于激活资本市场、劳动力市场及技术信息市场。

(3)混合所有制改革有助于提升国有银行创新能力

通过对4家国有商业银行和12家上市股份制银行2006—2015年业绩表现和混合所有制程度的实证检验,发现所有制混合程度与银行业务创新呈现正相关关系,但国有及非国有银行的所有制混合程度与银行业务创新关系并没有显著不同。另一方面,与国有银行相比,股份制商业银行中股权所有制混合程度对商业银行绩效促进作用更强。

(4)注意防范混合所有制改革失灵问题

在发展混合所有制经济的过程中,过高的交易成本、资产专用性问题、委托代理等问题都会导致混合所有制改革失灵,因此要注意降低交易成本、减少代理成本、尽量避免不完全契约等问题带来的不良影响。同时要防范在发展混合所有制经济中可能出现的价值风险、决策风险和整合风险等,确保混合所有制改革顺利推进。

(5)发展混合所有制经济促进国有银行市场化

中国国有商业银行深化混合所有制改革的过程,实际上也是促进国有银行市场化的过程。主要的改革路径包括以下三个方面:一是通过深化产权多元化改革、完善现代企业制度、建立综合化经营模式培育真正合格的市场主体;二是通过完善产权交易市场、经理人市场、融资租赁市场构建现代市场体系;三是通过建立监督机制和健全法律制度营造良好外部市场环境。三管齐下,全面推进中国国有商业银行混合所有制改革。

中国国有商业银行在改革发展中不断取得重大进展,总体上已经同市场经济相融合,现代企业制度建设也取得一定成效,公司治理不断规范,为推动我国经济社会发展做出了重要贡献。在进一步深化混合所有制改革的过程中,要尊重市场经济规律和企业发展规律,完善相关法律法规和配套政策,以企业为主体,充分发挥市场机制作用,稳妥推进,规范操作,确保改革规范有序进行,充分发挥混合所有制改革对国有商业银行发展的重要推动作用。

参考文献

(一)外文文献

[1] Aghion P, Van Reenen J, Zingales L. Innovation and Institutional Ownership[J]. American Economic Review, 2013, 103(1):277-304.

[2] Alchian A A, Demsetz H. Production, Information Costs, and Economic Organization[J]. American Economics Review, 1972, 62(5):777-950.

[3] Backx M, Carney M, Gedajlovic E. Public, private and mixed ownership and the performance of international airlines[J]. Journal of Air Transport Management, 2002, 8(4):213-220.

[4] Beladi H, Chao CC. Mixed Ownership, Unemployment and Welfare for Development [J]. Review of Development Econimics, 2006, 10(4):604-611.

[5] Bennett J, Maw J. Privatizatio, Partial State Ownership, and competition [J]. Journal of Comparative Economics, 2003, 31(1):58-74.

[6] Bennett J, Iossa E. Building and managing facilities for public services[J]. Journal of Public Economics, 2006, (90):2143-2160.

[7] Berle A A, Means G G C. The modern corporation and private property [M]. Transaction publishers, 1991.

[8] Bonin J P, Harson I, Waehtel P. Banking Performance, Efficiency and Ownership in Transition Countries[J]. Journal of Banking and Finance, 2005(29):31-53.

[9] Brada J C. Privatization is Transition-Or Is It[J]. Journal of Economic Perspective, 1996, 10(2):67-68.

[10] Brook S. The Mixed Ownership Corporation as an Instrument of Public Policy [J]. Comparative Politics, 1987, 19(2):173-191.

[11] Chen V Z,Li J,Papania L,Shapiro D M,et al. Ownership structure and innovation:An emerging market perspective[J]. Asia Pacific Journal of Management,2014,31(1):1-24.

[12] Clarke R G,Gull R,Shirley M. Bank Privatization in Developing Countries:A Summary of Lessons and Findings [J]. Journal of Banking and Finance,2005(29):1905-1930.

[13] Clarke R G,Gull R. Why Privatize? The Case of Argentina's Public Provincial Banks [J]. World Development,1999(21)122-151.

[14] Clarke G R. Gull M. S. M. Peria, S. M. Sanches. Bank Lending to Small Business in Latin America:Does Bank Origin Matter[R]. World Bank Working Paper No. WP-2760-2001.

[15] Coase R. The Nature of the Firm [J]. Economica,1937,4(6):386-405.

[16] Coase R. The Problem of Social Cost[J]. Journal of Law and Economics,1960,3:1-44.

[17] Commons J R. Legal foundations of capitalism [M]. University of Wisconsin Press,1957:759-761.

[18] Engel E,Fischer R,Galetovica. Least Present Value of Revenue Auctions and Highway Franchising [J]. Journal of Political Economy,2001,109 (5).

[19] Francis J,Smith A. Agency Costs and Innovation:Some Empirical Evidence [J]. Journal of Accounting and Economics,1995,19:383-409.

[20] Frydman G,Gray C,Hessel M,Rapaczynski A. The Limits of Discipline:Ownership and Hard Budget Constraints in the Transition Economics [J]. Economics of Transition,2000(8):577-601.

[21] Garcia-Herrero A,Gavila S,Santabarbara D. China's Banking Reform:an Assessment of its Evolution and Possible Impact [J]. CES-ifo Economics Studies,2006(52):304-363.

[22] Grossman S J,Hart O D. The Costs and Benefits of Ownership:A Theory of Vertical and Lateral Integration [J]. The Journal of Political Economy,1986,94(4):691-719.

[23] Guadalupe M,Kuzmina O,Thomas C. Innovation and Foreign Ownership

[J]. American Economic Review. 2012,102(7):3594-3627.

[24] Guasch J L. Granting and Renegotiating Infrastructure Concessions:Doing it Right[R] . 2004,Washington:The World Bank.

[25] Hammami M,Ruhashyankiko F. Yehoue E. Determinants of Public-Private Partnerships in Infrastructure [R]. IMF Working papers,2006.

[26] Hart O. Firms,Contracts,and Financial Structure. [M],London:Oxford University Press,1995.

[27] Hart O. Corporate Governance:Some Theory and Implications [J]. The Economic Journal,1995,105(430):678-689.

[28] Hart O. Incomplete contracts and public ownership:remarks and an application to public-private partnership [J]. Economic Journal, 2003, (113): 69-76.

[29] Hart O. Moore J. Property Rights and the Nature of the Firm [J]. Journal of Political Economy,1988,98(98):1119-1158.

[30] Hart O,Moore J. Contracts as Reference Points[J]. Quarterly Journal of Economics,2008,123(1):1-48.

[31] Hasan I,Marton K. Development and Efficiency of the Banking Sector in a Transition Economy:Hungarian Experience. [J]. Journal of Banking and Finance,2003(27):2249-2271.

[32] Hefferman S,Fu M. China:The Effects of Bank Reforms on Structure and Performance [R]. Case Business School Faculty of Finance Working Paper No. WP-19-2005.

[33] Holmstrom B,Milgrom P. Multitask Principle-Agency Analysis:Incentive,Contracts,Assets Ownership and Job Design [J]. Journal of Law,Economics and Organzization,1991,7:24-52.

[34] Holmstrom B,Milgrom P. The Firm as a Incentive System [J]. American Economic Review,1994,84(4):972-991.

[35] Hu A G Z,Jefferson G H. A Great Wall of Patents:What is behind China's Recent Patent Explosion? [J]. Journal of Development Economics,2009,90(1):57-68.

[36] Jefferson G H, Bai H, Guan X, Yu X. R&D Performance in Chinese Industry[J]. Economics of Innovation and New Technology, 2006, 15(4/5): 345-366.

[37] Jensen M, Mecking W. The Theory of Firm, Managerial Behavior, Agency Cost and Ownership Structure[J]. Journal of Financial Economics, 1976, 3(4): 305-360.

[38] Lin C, Lin P, Song F. PropertyRights Protection and Corporate R&D: Evidence from China[J]. Journal of Development Economics, 2010, 93(1): 49-62.

[39] Paniaza U, Eduardo. Levy-Yeyati, Nejandro M. Should the government be in the banking business? [EB/OL]. IADB Working Paper No. 517, 2005.

[40] Podpiera R. Progress in China's Banking Sector Reform: Has Bank Behavior Changed? [R]. IMF Working Paper NO. WP-71-2006.

[41] Sheleifer, Vishny. Politicians and Firms [J]. Quarterly Journal of Economics, 1994, (109): 995-1025.

[42] Shleifer A. Vishny R. A Survey of Corporate Governance [J]. Journal of Finance, 1997, 52(2): 737-783.

[43] Williamson O. The Vertical Integration of Production: Market Failure Considerations. [J]. American Economic Review, 1971, 61(2): 112-23.

[44] Yildirim H S, Philippatos G C. Restructuring, Consolidation and Competition in Latin American Banking Markets[J]. Journal of Banking and Finance, 2007(31): 629-639.

[45] Zhang A, Zhang Y, Zhao R. A Study of the R&D Efficiency and Productivity of Chinese Firms[J]. Journal of Comparative Economics, 2003, 31(3): 444-464.

（二）中文图书

[1] 埃里克·费鲁博顿[美], 鲁道夫·芮切特[德]. 新制度经济学：一个交易费用分析范式[M]. 格致出版社、上海三联出版社、上海人民出版社, 2010.

[2] 奥利佛·威廉姆森[美]. 交易成本经济学——经典名篇选读[M]. 北京：人民出版社, 2008.

[3] 编写组.《关于深化国有企业改革的指导意见》学习读本[M].北京:中国经济出版社,2016.

[4] 陈郁.所有权、控制权与激励:代理经济学文选[M].上海:上海人民出版社,2006.

[5] 道格拉斯.C.诺思[美].制度.制度变迁与经济绩效[M].上海:汉语大词典出版社,2009.

[6] 德姆塞茨.所有权,控制与企业[M].北京:经济管理出版社,1999.

[7] 杜莉,张鑫.国有商业银行产权制度改革效应评析[M].北京:经济科学出版社,2013.

[8] 范肇臻.中国国有商业银行制度创新[M].北京:经济科学出版社,2005.

[9] 费方域.不完全合同、产权和企业理论[M].上海:格致出版社,2011.

[10] 耿同劲.中国国有商业银行脆弱性研究[M].北京:中国市场出版社,2007.

[11] 黄德根.公司治理与中国国有商业银行改革[M].北京:中国金融出版社,2003.

[12] 黄少安.产权经济学导论[M].北京:经济科学出版社,2004.

[13] 黄湃.国有商业银行改革制度安排与路径选择[M].北京:经济科学出版社,2003.

[14] 简新华.产业经济学[M].武汉:武汉大学出版社,2001.

[15] 厉以宁.中国道路与混合所有制经济[M].北京:商务印书馆,2014.

[16] 卢现祥,朱巧玲.新制度经济学[M].北京:北京大学出版社,2012.

[17] 罗纳德·H·科斯等[美].财产权利与制度变迁:产权学派与新制度学派译文集[M].上海:上海三联书店,1991.

[18] 舒畅.我国国有商业银行公司治理问题研究[M].北京:经济科学出版社,2007.

[19] 齐美东.中国银行业市场结构研究[M].北京:经济科学出版社,2008.

[20] 乔治·亨德里克斯.组织的经济学与管理学:协调、激励与策略[M].北京:中国人民大学出版社,2007.

[21] 宋文阁,刘福东.混合所有制的逻辑[M].北京:中华工商联合出版社,2014.

[22] 索贵彬.国有商业银行制度创新和风险管理[M].北京:中国物资出版社,

2007.

[23] 万华炜.中国混合所有制企业产权制度研究[M].北京:中国经济出版社,2009.

[24] 王力.国有商业银行股份制改革[M].北京:社会科学文献出版社,2008.

[25] 王江.国有商业银行战略转型研究[M].北京:经济科学出版社,2009.

[26] 吴敬琏,张军扩,刘世锦.国有经济的战略改组[M].北京:中国发展出版社,1998.

[27] 吴敬琏.大中型企业:建立现代企业制度[M].天津:天津人民出版社,1993.

[28] 吴晓灵.中国金融体制改革30年回顾与展望[M].北京:人民出版社,2008.

[29] 吴雅杰.中国转型期市场失灵与政府干预[M].北京:知识产权出版社,2011.

[30] 许国平.国有独资商业银行股份制改革试点研究[M].北京:中国金融出版社,2009.

[31] 杨有振.中国国有商业银行制度创新研究[M].北京:经济科学出版社,2007.

[32] 张维迎.理解公诉:产权、激励与治理[M].上海:世纪出版集团、上海人民出版社,2014.

[33] 张文魁.国有企业应该进行股权结构的调整/国有企业改革15题[M].北京:中国经济出版社,1999.

[34] 张文魁.混合所有制的公司治理与公司业绩[M].北京:清华大学出版社,2015.

[35] 张文魁.中国国有企业产权改革与公司治理转型[M].北京:中国发展出版社,2007.

[36] 张文魁.中国混合所有制企业的兴起及其公司治理研究[M].北京:经济科学出版社,2010.

[37] 钟俊.国有商业银行股份制改造与管理[M].北京:中国工商出版社,2005.

(三)中文期刊

[1] 常修泽.中国国有企业改革和民营经济发展中的几个突出问题[J].产权导刊,2004(8):1-6.

[2] 陈熙皓.进一步发展混合所有制企业推进创新驱动战略[J].中共太原市委党校学报,2014(4):37-40.

[3] 陈林,唐杨柳.混合所有制改革与国有企业政策性负担——基于早期国企产权改革大数据的实证研究[J].经济学家,2014(11):13-23.

[4] 陈俊龙,汤吉军.资产专用性与所有制结构分析——兼论我国混合所有制经济的发展[J].经济问题,2014(6):36-40.

[5] 邓万民,杨尧忠.混合所有制是我国所有制改革的较优选择——30年来所有制改革的回顾与展望[J].财经政法资讯,2009(1):50-53.

[6] 邓路,孙龙建.中国产权交易市场的创新与发展——从国资流转平台到构建多层次资本市场的跨越[J].云南社会科学,2009(3):22-26.

[7] 杜莉,张鑫.国有商业银行产权制度改革绩效评析[J].经济学家,2014(C2):73-79.

[8] 顾钰民.混合所有制的制度经济学分析[J].福建论坛:人文社会科学版,2006(10):16-20.

[9] 郭放,潘中华.对我国混合所有制企业发展的若干思考[J].经济纵横,2015(04):65-68.

[10] 何立胜,管仁勤.混合所有制——一种最具与市场经济兼容力的所有制形式[J].经济问题探索,1999(07):8-10.

[11] 何立胜,管仁勤.我国混合所有制经济问题研究[J].南京经济学院学报,2000(4):44-47.

[12] 侯晓辉,李婉丽,王青.所有权、市场势力与中国商业银行的全要素生产率[J].世界经济,2011(02):135-157.

[13] 胡颖,刘少波.混合所有制与国有企业产权多元化改革[J].科学·经济·社会,2005,23(2):30-33.

[14] 郝云宏,汪茜.混合所有制企业股权制衡机制研究——基于"鄂武商控制权之争"的案例解析[J].中国工业经济,2015(03):148-160.

[15] 黄速建.中国国有企业混合所有制改革研究[J].经济管理,2014(07):1-10.

[16] 黄群慧.新时期如何积极发展混合所有制经济[J].行政管理改革,2013(12):49-54.

[17] 金行.股份制改革时期的公司治理[J].中国城市金融,2014(3):70-71.

[18] 李涛.混合所有制公司中的国有股权——论国有股减持的理论基础[J].经济研究,2002(08):19-27.

[19] 李维安. 深化国企改革与发展混合所有制[J]. 南开管理评论, 2014, 17(03):1-1.

[20] 李喜梅. 重新认识国有银行的作用与改革方向[J]. 财政研究, 2011(04):15-18.

[21] 李小君. 我国股份制商业银行的公司治理研究[J]. 商业研究, 2005(02):13-21.

[22] 李洲峰. 国有商业银行改革期待公司治理机制完善[J]. 合作经济与科技, 2005(23):38-39.

[23] 厉以宁. 中国道路与混合所有制经济[J]. 中国市场, 2014(23):3-11.

[24] 厉以宁. 所有制改革和股份企业的管理[J]. 中国经济体制改革, 1986(12):25-28.

[25] 厉以宁. 所有制改革和股份企业的管理(续一)[J]. 中国经济体制改革, 1987(01):24-29.

[26] 厉以宁. 所有制改革和股份企业的管理(续二)[J]. 中国经济体制改革, 1987(02):50-52.

[27] 李波, 单漫与. 国有银行治理结构与管理层激励——多项任务委托代理、经理人市场和优先股[J]. 金融研究, 2009(10):57-67.

[28] 李大守. 产权交易机构在混合所有制改革中的重要作用[J]. 产权导刊, 2014(7):21-24.

[29] 李永兵, 袁博, 骆品亮. 混合所有制、业务创新与绩效表现——基于我国上市银行的实证研究[J]. 上海经济研究, 2015(10):55-63.

[30] 栗楠. 发挥产权交易市场作用促进混合所有制经济发展研究[J]. 时代金融旬刊, 2014(5):25-25.

[31] 类承曜. 国有商业银行改革的逻辑:一个政治经济学视角[J]. 中央财经大学学报, 2009(02):25-31.

[32] 刘小玄. 国有企业改制模式选择的理论基础[J]. 管理世界, 2005(01):102-110.

[33] 刘崇献. 混合所有制的内涵及实施路径[J]中国流通经济, 2014(07):52-58.

[34] 廖芙秀, 颜芳. 中国银行后产权改革的阶段评价[J]. 中央财经大学学报, 2012(04):32-37.

[35] 陆岷峰,李振国,王婷婷.混合所有制背景下国有股最佳比例研究——基于博弈论在国有股权与话语权中的运用[J].西部金融,2014(12):4-11.

[36] 马连福,王丽丽,张琦.混合所有制的优序选择:市场的逻辑[J].中国工业经济,2015(07):5-20.

[37] 马冲,王继源.当前中国商业银行垄断市场结构现状分析[J].学理论,2012(21):110-112.

[38] 马红,侯贵生.混合所有制改革、地方国企依赖与国有企业混合所有制改革、地方国企依赖与国有企业创新升级——基于制造业的实证研究[J].上海财经大学学报,2019,21(02):31-46+65.

[39] 麦元勋,卓燕淳.国有银行上市成效比较分析与建议[J].江苏商论,2007(12):161-164.

[40] 宋清华,傅钟仁,林秉旋.论政府主导型国有商业银行改革[J].财贸经济,2008(06):20-27.

[41] 宋冬林,李尚.混合所有制改革与国有企业创新研究[J].求是学刊,2020.

[42] 孙红梅.混合所有制改革:技术创新的必然要求[J].时代金融旬刊,2014(35):25-26.

[43] 汤吉军.不完全契约视角下国有企业发展混合所有制分析[J].中国工业经济,2014(12):31-43.

[44] 汤吉军.国有企业治理体系的制度分析[J].现代经济探讨,2015(9):45-47.

[45] 汤吉军.新时代国企与民企发展混合所有制研究:一个实物期权方法[J].经济体制改革,2020,05.

[46] 汤吉军.专用性投资、公司治理与国有企业改革新思路[J].江汉论坛,2020,07.

[47] 汤吉军,张智远.产权、国家所有权与国有企业公司治理[J].江汉论坛,2019,000(002):19-24.

[48] 汤吉军,刘嘉琳.国有企业改革40年:中国经验及其世界意义——2018中国国有经济发展论坛综述[J].经济学动态,2018,694(12):154-155.

[49] 汤吉军,张智远.国有企业双重目标下发展混合所有制研究[J].经济体制改革,2018,212(05):115-120.

[50] 汤吉军,郭砚莉.中国国有企业渐进改革40年与中国方案——兼论华盛顿

共识的局限性[J].长白学刊,2018,No.203(05):1-7.

[51] 汤吉军,刘仲仪.国有银行发展混合所有制的实现机制研究——基于金融市场结构优化视角[J].经济体制改革,2017(03):132-137.

[52] 汤吉军,安然.国有企业跨国并购风险防范的制度研究[J].经济体制改革,2015(3):118-123.

[53] 汤吉军,安然.发展混合所有制经济的风险防范与治理[J].江汉论坛,2016(5):18-22.

[54] 汤静煜.国有商业银行改革:改制上市是关键[J].青海金融,2004(10):7-8.

[55] 唐跃军,左晶晶.所有权性质、大股东治理与公司创新[J].金融研究,2014(6):177-192.

[56] 王军善.关于国有商业银行体制改革与管理变革的一些思考[J].湖北农村金融研究,2004(8):19-22.

[57] 吴晨.我国上市商业银行效率测度及影响因素分析——基于 DEA 的实证分析[J].山西财经大学学报,2011(11):47-54.

[58] 吴栋,周建平.基于 SFA 的中国商业银行股权结构选择的实证研究[J].金融研究,2007(07):47-60.

[59] 吴瑛.产权交易市场促进混合所有制经济发展研究[J].浙江万里学院学报,2005,18(5):45-48.

[60] 吴延兵.不同所有制企业技术创新能力考察[J].产业经济研究,2014(2):53-64.

[61] 吴延兵.中国哪种所有制类型企业最具创新性[J].世界经济,2012(6):3-29.

[62] 吴延兵.中国式分权下的偏向性投资[J].经济研究,2017(06):139-154.

[63] 吴延兵.不同所有制企业技术创新能力考察[J].产业经济研究,2014(02):53-64.

[64] 王永钦,李明.理解中国的经济奇迹:互联合约的视角[J].管理世界,2008(10):5-20.

[65] 王倩,黄蕊.国有银行产权改革绩效与制度创新[J].江汉论坛,2012(05):49-53.

[66] 万华炜.中国混合所有制经济的产权制度分析[J].中南财经政法大学学报,2007(06):21-26.

[67] 王鹤立.我国金融混业经营前景研究[J].金融研究,2008(9):188-197.

[68] 薛暮桥.我国生产资料所有制的演变[J].经济研究,1987(02):15-28.

[69] 晓亮.论大力发展混合所有制[J].经济学家,2004(02):36-40.

[70] 于敏,刘源,周平.国有商业银行股份制改革中公司治理的实现机制[J].统计与决策,2005(24):49-51.

[71] 杨红英,童露.论混合所有制改革下的国有企业公司治理[J].宏观经济研究,2015(01):42-51.

[72] 杨建君.大型国企混合所有制改革的关键环节[J].改革,2014(05):41-43.

[73] 余菁."混合所有制"的学术论争及其路径找寻[J].改革,2014(11):26-35.

[74] 张杰.注资与国有银行改革:一个金融政治经济学的视角[J].经济研究,2004(06):4-14.

[75] 张立新.基于DEA的我国商业银行效率评价[J].山东社会科学,2012(02):142-145.

[76] 张五常.交易费用的范式[J].社会科学战线,1999(1):1-9.

[77] 张作云.关于混合所有制经济的内涵和性质问题——兼论混合所有制经济的研究方法[J].海派经济学,2008(2):63-77.

[78] 张卓元.混合所有制经济是什么样的经济[J].求是,2014(08):29-31.

[79] 周晓,朱德胜.混合所有制企业创新能力研究[J].会计之友,2015(21):119-124.

[80] 朱智.谈产权交易市场为依托的混合所有制经济发展问题[J].商业时代,2014(22):6.